Criando espaços e projetos saudáveis

Criando espaços e projetos saudáveis

SILVANA BIGHETTI BOZZA

Manole

Copyright © 2016 Editora Manole Ltda. por meio de contrato de coedição com a autora.

EDITOR GESTOR Walter Luiz Coutinho

EDITORA Karin Gutz Inglez

PRODUÇÃO EDITORIAL Janicéia Pereira, Cristiana Gonzaga S. Corrêa e Juliana Morais

CAPA E PROJETO GRÁFICO Departamento Editorial da Editora Manole

FOTO DA CAPA Leonardo Finotti

FOTOS DO MIOLO http://pt.freeimages.com

Imagens gentilmente cedidas pela autora.

Dados Internacionais de Catalogação na Publicação (CIP)

(Câmara Brasileira do Livro, SP, Brasil)

Bozza, Silvana Bighetti

Criando espaços e projetos saudáveis / Silvana Bighetti Bozza. –

Barueri, SP : Minha Editora, 2016.

ISBN 978-85-7868-238-5

1. Feng-shui 2. Geobiologia 3. Paisagismo -Projetos I. Título.

15-09675 CDD-712.0981

Índices para catálogo sistemático: 1. Projetos : Paisagistas brasileiros 712.0981

Todos os direitos reservados.

Nenhuma parte deste livro poderá ser reproduzida,

por qualquer processo, sem a permissão expressa dos editores.

É proibida a reprodução por xerox.

A Editora Manole é filiada à ABDR – Associação Brasileira de Direitos Reprográficos.

1ª edição – 2016

EDITORA MANOLE LTDA.

Avenida Ceci, 672 – Tamboré

06460-120 – Barueri – SP – Brasil

Tel.: (11) 4196-6000 – Fax: (11) 4196-6021

www.manole.com.br | info@manole.com.br

Impresso no Brasil | *Printed in Brazil*

Este livro contempla as regras do Acordo Ortográfico da

Língua Portuguesa de 1990, que entrou em vigor no Brasil em 2009.

São de responsabilidade da autora as informações contidas nesta obra.

É com muito carinho e profundo agradecimento que dedico este livro a Marco Casamonti, uma pessoa iluminada, além de respeitado arquiteto internacional, pois, sem o seu aconselhamento, jamais iria colocar no papel aquilo que me vem no coração.

É através de espaços saudáveis que o homem consegue atingir todo o seu potencial produtivo, trazendo realização pessoal, financeira e afetiva.

Silvana Bighetti Bozza

AGRADECIMENTOS

Seria muito difícil fazer uma relação das pessoas que cruzaram o meu caminho que efetivamente modificaram a minha vida, que influenciaram na minha formação como ser humano, que me ensinaram coisas simples, complexas ou até mesmo ocultas, que me deram exemplos de luta, de fé, de perseverança... Gente como a gente, algumas comuns, outras eruditas, famosas, importantes, iluminadas, sábias. Nossa! Foram tantas pessoas, que fazer uma lista com cada nome seria uma tarefa quase impossível.

E é tão gratificante o carinho, o incentivo, a confiança, o respeito e a colaboração que tenho recebido que me vejo sem palavras para expressar o meu amor por todas elas.

A família é um caso à parte – uma paixão indescritível. Mesmo com essa mistura de sangue italiano (75%) e espanhol (25%), que de vez em quando fervilha, na hora que um precisa, todos se unem em socorro, e isso nos dá uma tremenda confiança para enfrentar a vida.

E, como sei que ele entende, também agradeço ao Einstein, uma sombra aveludada e negra que me acompanhou por quase treze anos. No final de 2013, já velhinho, não tinha condições de sair muito de casa, mas, aqui dentro, ele não me largava um minuto e, mesmo com toda a dificuldade de se levantar, quando eu percebia, lá estava ele ao meu lado abanando o rabo e sorrindo para mim – de verdade, aqueles olhinhos de jabuticaba sorriam com muito amor. Hoje, com certeza, é mais uma estrela no céu.

Agradeço ao meu país, com suas paisagens magníficas, seu colorido deslumbrante, seu calor delicioso, suas praias paradisíacas, suas diversas culturas e tradições, o bom humor, o jogo de cintura e o nosso jeitinho brasileiro, porque foi aqui que tive a oportunidade de crescer, aprender e trabalhar.

Agradeço aos países distantes, que me engrandeceram o conhecimento, que me acolheram no passado e que, hoje, fazem com que eu me sinta em casa e, muitas vezes, até mesmo dividida.

Agradeço aos seres de luz e ao meu anjo, que me inspira todas as horas, e a todas as criaturas invisíveis que estão sempre presentes.

E especialmente agradeço a Deus, por ter conseguido finalizar mais um projeto.

Agradecimento especial

A Leonardo Finotti, considerado um dos mais incríveis e respeitados fotógrafos do mundo, que me cedeu gentilmente o direito de usar uma de suas lindas imagens como capa deste livro. Muito grata, Leo!

Foto da capa: Cantina Antinori – projeto da Archea Associati

PREFÁCIO, 11

INTRODUÇÃO, 13

COMO ME TORNEI UMA BIÓLOGA DA CONSTRUÇÃO, 17

CAPÍTULO 1 **O QUE SÃO ESPAÇOS SAUDÁVEIS, 23**

CAPÍTULO 2 **A IMPORTÂNCIA DE UM ESPAÇO SAUDÁVEL, 26**

CAPÍTULO 3 **A GEOBIOLOGIA OU BIOLOGIA DA CONSTRUÇÃO COMO TÉCNICA DE ANÁLISE AMBIENTAL, 28**

CAPÍTULO 4 **FATORES QUE INFLUENCIAM DIRETAMENTE A SAÚDE, 33**

CAPÍTULO 5 **O MUNDO SECRETO DAS PLANTAS, 78**

CAPÍTULO 6 **ANALISANDO OS ESPAÇOS, 82**

CAPÍTULO 7 **ANÁLISES COMPLEMENTARES, 84**

CAPÍTULO 8 **ESPECIAL: FAZENDAS, 109**

CAPÍTULO 9 **RADIESTESIA, 115**

CAPÍTULO 10 **MATERIAIS ECOLOGICAMENTE CORRETOS, 118**

CAPÍTULO 11 **A IMPORTÂNCIA DO SOL, 133**

ANEXO **RECEITAS PRÁTICAS, USÁVEIS E TESTADAS, 137**

BIBLIOGRAFIA, 149

PREFÁCIO

"Tudo está vivo!". Assim Silvana inicia seu mais novo projeto: *Criando espaços e projetos saudáveis*, um convite para jovens profissionais, estudantes de *design* e público interessado a conhecer mais sobre os caminhos alternativos, hoje básicos e fundamentais, para uma melhor qualidade de vida.

Foi o Luca Sartori e o Istituto Europeo di Design (IED) que aproximaram nossos pequenos universos e, desde a nossa primeira conversa, já nos empolgamos, pensamos e criamos mil projetos juntos. O espírito de menina, a sua bagagem de conhecimento e seu estado de bem com a vida são a porta de entrada para descobrir o inesgotável repertório de saberes, referências e dicas úteis para nossos projetos e para o nosso dia a dia.

E agora estou aqui tentando apresentar, em poucas palavras, a autora e seu projeto. Que bom poder ser cúmplice e promotor dessas ideias!

O livro é o espírito e a energia da Silvana, e é sua colaboração – honesta colaboração – para uma sociedade mais consciente.

Durante a leitura, ela comenta, explica e provoca: tudo está vivo; respeitar todo o tipo de vida; olhar mais assertivo; atitude proativa; sonhar; façam fofoca; frequências benéficas; efeito fractal; opinião sincera...

Antes de chegar ao Brasil em 1996, eu era um dos jovens profissionais mais céticos; um portenho e com educação modelo europeia. Contudo, as diferentes vivências no Brasil foram mudando minhas pequenas e absolutas verdades. E está certo que assim seja – não podemos esquecer que a ciência, o raciocínio, a tecnologia de ponta e o conforto exagerado nos trouxeram até aqui e só agora estamos descobrindo que o melhor que temos não consegue resolver realmente nossas necessidades e nossos desejos. Então, estamos pensando errado, usando modelos ultrapassados para novos estilos de vida, e, com sua prosa fluida, bem-humorada e recheada de referências, a autora apresenta novos caminhos, simples conhecimentos e antiga sabedoria, que mudam toda a nossa perspectiva e potencializam nossos projetos para um novo patamar, no qual a discussão é o que realmente importa e a qualidade de vida, o essencial.

Christian Ullmann

Desde 2001, é sócio-diretor do escritório iT Projetos, atuando como consultor especializado em desenvolvimento de produtos e projetos com responsabilidade socioambiental. Dentro do universo da economia criativa e como estratégia de desenvolvimento, usamos as ferramentas do *design* para melhorar as interfaces entre cultura, criatividade, tradição, economia e tecnologia de baixo impacto ambiental e alto impacto social no mundo contemporâneo, promovendo atividades capazes de gerar renda, desenvolvimento local, valorização do território e cidadania. É especialista em *design* para a sustentabilidade e formado em desenho industrial pela Faculdade de Arquitetura, Design e Urbanismo de Buenos Aires. Reside no Brasil desde 1996. Recebeu prêmios na Espanha, na Itália, no Brasil e na Argentina com móveis residenciais, de escritório e objetos. Coordenador da Graduação de Design de Produto do Istituto Europeo di Design (IED-SP), Coordenador de Projetos do Centro Ricerche IED (CRIED) Brasil, Professor de Pós-graduação do IED-SP, Pesquisador do Núcleo de Design & Sustentabilidade da Universidade Federal do Paraná (UFPR). Colunista dos portais *Design Brasil* e *Rede Latino-americana de Design*.

INTRODUÇÃO

Tudo é energia...

Tudo se movimenta...

Tudo se renova...

Tudo está em harmonia...

Nada se perde, tudo se transforma...

Essas são algumas "Leis do Universo", e, com base nesses princípios, é que comecei a observar, com um pouco mais de cuidado, o mundo ao meu redor.

Quando penso nisso, não estou apenas me referindo aos seres vivos, mas também aos seres aparentemente ou enganosamente inanimados.

Depois da descoberta do átomo em 1803, uma nova realidade se apresentou, e, por mais estranho que possa parecer, hoje sabemos que nada é sólido, que a massa não é um bloco rígido, mas, sim, um grupo de partículas que se atraem, em uma intensidade incrível, e que continuam em pleno movimento, criando apenas a ilusão de que estão completamente imóveis.

Podemos dizer, portanto, que tudo está vivo.

E, se tudo tem vida, estamos falando também de pedras, cristais, cadeiras, quadros, paredes, plantas, oceanos, planetas, galáxias, pensamentos, etc.

Reflitam um momento sobre isso e descubram como é maravilhoso entender que existe vida em todas as formas e que ela é real

– talvez não a vida como alguns proclamam, em uma compreensão diminuta, mas a vida pulsante, idealizada por nosso Criador.

Por isso, temos que aprender a respeitar todos os tipos de vida, desde a paisagem, a cidade, as pessoas que ali habitam, os materiais utilizados, a Natureza, os animais, assim como aquilo que recebemos da Terra e devolvemos a ela, se possível, em melhores condições.

Devemos, portanto, respeitar o planeta acima de tudo, entendendo que ele é a nossa casa.

Pense nisto: você depositaria o lixo no quarto do seu filho? Destruiria a despensa de alimentos? Ou, quem sabe, usaria o vaso sanitário como bebedouro?

Pois bem, basicamente é o que estamos fazendo com o planeta Terra.

Todos temos prazer em morar bem, e é sempre bem-vindo o empenho de todos para deixar nossas casas melhores, mais bonitas e mais charmosas.

Se conseguirmos abandonar a linha cartesiana de raciocínio e adotarmos uma postura mais leve em relação à quebra de paradigmas, ao pensar que tudo vive, por que não acreditarmos que uma casa possa ter vida?

Observei, durante anos de trabalho, que tanto uma residência quanto uma empresa são realmente seres vivos que se renovam ou envelhecem, que se desgastam ou se modernizam, que se estressam ou que preservam sua pacificidade.

Essas manifestações da condição do imóvel refletem diretamente na personalidade das pessoas que ali convivem, de forma incontestável.

Mas também é possível dizer que as pessoas interferem diretamente nos estados de conservação desses ambientes, ou seja, existe uma troca de energia constante entre todas as criaturas e coisas do Universo.

Então, tendo consciência de que a minha casa tem vida, escrevi esse poema para ela, e, quando digo "casa", podemos estender o verso como a casa de todos nós, ou seja o nosso Planeta Azul.

Posso garantir, que foi escrito com o coração:

Tributo à minha Casa

Sei que posso dizer: me amas!
Sei que posso dizer: me proteges!
Sei que posso dizer: me aguardas, me abrigas, me confortas,
me iluminas!!!
Por isso, te enfeito, te mimo, te perfumo, te encho de adereços,
sons e cores.
E, em total silêncio, me aceitas e a todas as minhas loucuras,
me aceitas e a todos os meus desejos, me aceitas e a todas as
minhas escolhas.
Com toda a tua simplicidade, ou com toda a tua exuberância,
és sábia, cautelosa, amiga.
Abriga os meus segredos, os meus sentimentos mais velados,
o meu passado, presente e futuro, porque só a ti me revelo.

Como em meu livro anterior, as sábias palavras de meu pai ficarão eternizadas: "A escola da vida não tem férias!".

Enquanto escrevo, continuo aprendendo a cada dia e assim são todos os dias; um entendimento diferente, uma percepção mais apurada, um olhar mais acertivo e uma sensibilidade ampliada.

Essa é a minha realidade e espero que, de alguma forma, consiga transmitir essas experiências e aprendizados, a fim de ajudá-los a viver ou trabalhar em um ambiente mais saudável.

Como um presente especial aos leitores, faço questão de mencionar, ao final de cada capítulo – e aqui, inclusive – o nome de uma planta e sua função principal, para que reconheçamos a grandiosidade, a complexidade e a generosidade das espécies que atuam em nosso total benefício.

Rhapis excelsa – Ráfis

Origem: China.

Luminosidade: semissol.

Temperatura: 16 a 21°C.

Características: é considerada uma das plantas mais fáceis para serem cultivadas *indoor*. Possui boa resistência a pestes. Tem uma absorção de vapores químicos de quase 70% e uma taxa de transpiração de 80%. Apresenta uma habilidade única em acumular o excesso de sal nas pontas dos ramos, que acabam morrendo e devem ser removidos.

COMO ME TORNEI UMA BIÓLOGA DA CONSTRUÇÃO

Ao longo de minha vida, recolhi conhecimentos bons e ruins, aplicáveis ou não, difíceis e fáceis, até mesmo secretos, inventei métodos próprios e, no final, adotei um *mix* do que considero mais interessante.

Quando me perguntam o que estudei para poder analisar um ambiente, um espaço, uma construção, um terreno, vejo-me em uma saia justa, porque foram milhares de cursos e livros digeridos, testados e aplicados experimentalmente e com base em resultados.

Depois, vieram as pesquisas, feitas por cientistas, físicos, químicos, biólogos e médicos, que deram respaldo à minha prática e embasamento a esse conhecimento adquirido.

E, então, como poderia passar toda essa gama de informações? Foi pensando nisso que resolvi colocar à disposição de todos um breve apanhado das coisas que vivenciei.

CURRÍCULO DE VIDA

Formei-me na Faculdade de Administração de Empresas na Universidade Presbiteriana Mackenzie, na qual aprendi noções de organização e metodologia, embora, com relação a dinheiro, confesso que não sou a melhor pessoa para cobrá-lo ou controlá-lo. Em compensação, podem me chamar para gastá-lo a qualquer hora, pois me considero uma *expert* no assunto!

Viajei muito, continuo viajando sempre que posso, e considero que essa é a melhor maneira de absorver conhecimento, hábitos e costumes; por isso, fico com os olhos bem abertos em minhas viagens.

Visitei inúmeras igrejas, principalmente as que têm sua construção baseada na Arquitetura Sagrada, o que me levou para um curso sobre o assunto – e confesso que gostaria de ter me aprofundado mais nesse tema. Fui aluna na Faculdade de Artes Plásticas da Fundação Armando Alvares Penteado (FAAP) e talvez venha daí minha noção de estética. Estudei também na Faculdade de Psicologia da Universidade Paulista (Unip) e procuro sempre entender o perfil dos clientes. Sou aficionada por formas e cores; estudei Cromoterapia e dei algumas palestras sobre o tema.

Contemplo e observo a arquitetura local de qualquer cidade; por muito pouco não estudei Arquitetura, mas sou apaixonada por essa área, leio inúmeras revistas especializadas e sempre encontro projetos que me deixam maravilhada.

Fui responsável pelo acompanhamento, junto com engenheiros civis, de algumas obras, fiscalizei reformas, trabalhei com decoração, sempre movida por minha "metidez". Aprendi algumas técnicas de marcenaria, desenhei e até fiz móveis também. Finalizei o curso da Health Building Certificate e fui admitida como consultora deste grupo internacional que garante o selo de "Edificação Saudável".

Ah, já estava me esquecendo, fui aluna no Dante Alighieri, e acredito que o colégio e o meu avô sejam a razão do meu amor pela Itália.

Estudei Numerologia – pitagórica, essênia e cabalística – e ministrei inúmeros cursos nessa área. Estudei três anos de Astrologia, achei incrível, mas, nesse pouco tempo, mal conseguimos entender nosso próprio mapa, pois é muito complexo. Frequentei alguns ensinamentos esotéricos e metafísicos, como anjos, extraterrestres, tarô, runas e cabala. Estudei vagamente Teosofia, tenho uma imensa fé em Deus e fui batizada na religião católica; hoje, considero-me espiritualista.

Participei de vários cursos de culinária e posso afirmar que aprender a cozinhar é importantíssimo para a sua formação pessoal; essa arte é a iniciação para a alquimia, para a percepção de aromas e sabores. Sem falsa modéstia, cozinho direitinho, tudo por influência de minha querida avó. A comida que ela fazia era espetacular e ela sempre dizia que cozinhava com amor – e isso fazia toda diferença.

O ideal é fazer tudo com amor.

Aprendi violão, piano e órgão e, apesar do esforço, não tenho um grande talento musical. Dizem que existem dois caminhos para você chegar a Deus, um através da matemática e outro da música. Aprecio todos os estilos, desde que tenham boa qualidade. É uma terapia espetacular para pessoas, animais, casas e escritórios.

Cursos de *feng shui*: vários... Consulta em livros: muitos... Estudei profundamente e perdi a conta do número de cursos de radiestesia e radiônica que fiz. Aprendi a usar equipamentos eletrônicos de medição, como gausímetros, multímetros, contadores Geiger, etc.

Fiz alguns cursos de florais de Bach e de flores; gosto de botânica, agronomia, jardinagem, então li muito a respeito. Se você quer conhecer um pouco do mundo secreto das plantas, tem que pôr a mão na massa!

Fui praticamente criada em fazenda, na "escola da terra". Andei muito descalça, sentindo o efeito da terra sob meus pés. À noite, aprendi a olhar as estrelas e perceber a nossa pequenez diante desse universo. Estudei um pouco de Astronomia, mas desisti logo, pois prefiro olhar as estrelas e sonhar...

Caminhei muito atrás do meu pai, que me ensinou a respeitar e a observar a Natureza, nas formas mais simples, desde o trabalho das formigas até o esforço dos pássaros por fazerem diferentes tipos de ninho; enfim, ele me mostrou a importância de cada animal na cadeia alimentar.

Tornei-me palestrante, por desejo próprio e por insistência de clientes, e procuro passar as minhas verdades respeitosamente.

Falo inglês com fluência, comunico-me perfeitamente em italiano e espanhol; infelizmente só leio em francês. Não restam dúvidas de que é importante pelo menos se comunicar em outras línguas. Ainda vou encontrar tempo para estudar a língua francesa e, quem sabe, um pouco de alemão.

Estudei geobiologia, ou Biologia da Construção, fiz vários cursos no Brasil e no exterior e apaixonei-me por esse trabalho. Tudo aquilo que eu suspeitava se tornou realidade com o embasamento científico: podia ser melhor? Aí não parei mais e fiz dessa ciência a minha profissão, ou melhor, a minha paixão!

Hoje, trabalho basicamente com o aumento da salubridade e da harmonia das construções e dos espaços, melhorando a produtividade das empresas e auxiliando no restabelecimento da saúde dos espaços e das pessoas.

Coloquei as minhas informações pessoais, de forma atemporal, e o fiz de propósito, porque tudo foi acontecendo, somando-se, misturando-se, em um emaranhado indissolúvel, transformando--me naquilo sou hoje.

E meu currículo de vida não tem um fim previsto; continuo extremamente curiosa, quero saber sempre como as coisas funcionam, detesto ficar sem resposta, sou uma eterna andarilha, não tenho preguiça para nada, tenho uma sede incrível de aprender, adoro ouvir as pessoas – ainda mais aquelas que têm história para contar. Gosto de gente engraçada, adoro dar risada, muita risada, e admiro as pessoas de bom humor. Aliás, o bom humor faz parte da terapia de pessoas e ambientes.

Antes de finalizar essas palavras, gostaria de voltar à minha infância, pois alguns fatos também incrementaram o meu conhecimento.

Papai nunca deixou ninguém matar passarinhos, nem colocá-los em gaiolas – aliás, bicho nenhum. Também nunca permitiu que nós, incluindo os amigos, jogássemos papel, nem mesmo uma bituca de cigarro no chão, na grama ou no mato. Ainda me lembro de episódios de mais de quarenta anos atrás. Meu pai já tinha esse cuidado com o meio ambiente – não é o máximo?

Incontáveis foram as vezes em que recebemos animais doentes, recolhidos pelo Instituto Brasileiro do Meio Ambiente e dos Recursos Naturais Renováveis (Ibama), os quais tratávamos, fazíamos um trabalho de adaptação ao meio e os libertávamos. Certa vez – e eu era bem pequena quando esse fato ocorreu –, um homem resolveu caçar passarinhos em uma de nossas propriedades; é claro que meu pai o expulsou logo de lá. Mas esse homem, enraivecido, disse que a estrada era livre e montou um monte de arapucas, bem debaixo do nosso nariz. Meu pai não teve dúvidas, chamou o sr. Abel, um "sinhôzinho" velho e bronco, e disse: "Cada vez que um passarinho se aproximar, você dê um tiro para o alto!". E, assim, sem a menor chance, depois de meia hora, o homem cansou, viu que não tinha jeito mesmo e foi embora. Fiquei tão feliz naquele dia, pois nenhum pássaro seria aprisionado. Fiquei ainda mais feliz por ser a filha de meu pai, e foi com esse exemplo que fortaleci o meu respeito pela vida e pela liberdade. Salvo tudo que é bicho, até mesmo as minhocas que saem da terra e ficam expostas ao sol.

Minha mãe, um dia, achou que eu tinha enlouquecido completamente! Fiz o motorista parar o carro para tirar uma joaninha de dentro e colocar em um arbusto qualquer. Mas, quando a mamãe descobriu que o Roberto Carlos, o "Rei", faz a mesma coisa que eu para socorrer os animais, logo mudou de ideia e passou a achar as minhas maluquices superbacanas, no mínimo exóticas.

"Conta para todo mundo! Que bom! Que fique o exemplo!".

***Spathiphyllum* sp – Lírio-da-paz**

Origem: Colômbia e Venezuela.

Luminosidade: semissol, até mesmo semissombra.

Temperatura: 16 a 24°C.

Características: quando o ar é muito seco, o lírio-da-paz fica sujeito a ataques de pestes. Sua altura média é de 60 cm. Tem um poder de transpiração de 80% e uma capacidade de remover vários tipos de vapores químicos do ambiente, como álcoois, acetonas, benzenos e formaldeídos, também de 80%. É uma das raras espécies que florescem em espaços *indoor*.

1

O QUE SÃO ESPAÇOS SAUDÁVEIS

Podemos definir espaços saudáveis como locais onde encontramos condições ideais de sobrevivência, denominadas de níveis bióticos, com o mínimo de interferência dos elementos naturais (falhas geológicas, minérios, rios subterrâneos, etc.) e das ações criadas pelo homem (redes de alta-tensão, poluição, etc.).

Cada vez menos, temos oportunidade de encontrar um local saudável. Nosso mundo está quase no limite – ou melhor, já está no limite –, e, se continuarmos com esse descuido, ele entrará em colapso; nós com certeza desapareceremos da face da terra, mas o Planeta voltará a se refazer, o que pode demorar bilhões de anos; as águas se tornarão cristalinas novamente, o ar perfeito, a terra fértil e a vida renascerá – mas, dessa vez, sem nós.

O conhecimento sobre espaços saudáveis é milenar, tendo origem nas antigas civilizações. O homem sempre observou a relação entre o espaço e a saúde:

- Os chineses, por meio da observação da Natureza e de seus fenômenos, estabeleceram os princípios do Feng Shui.
- Os celtas utilizavam os "menires" para interferir diretamente nas emanações da Terra; podemos dizer que eram os primórdios da acupuntura de solo.
- Os romanos deixavam as ovelhas pastando por seis meses no local onde desejavam construir uma cidade; passado esse período, sacrificavam os animais e verificavam o fígado deles: se estivesse preto, era sinal de que o local era ruim, por causa das contaminações telúricas.
- No Egito, o sacerdote era médico, arquiteto e construtor.
- Na Índia antiga, estudavam a relação entre as pessoas e lugares.
- Os tuaregues no deserto só se deitavam ou armavam as suas tendas nos locais onde camelos e cachorros se recostassem primeiro, pois os animais têm percepção sobre as interferências da terra.
- Os índios norte-americanos faziam a mesma coisa, observando os cavalos selvagens, e o pajé era responsável pela saúde da população. No caso dos índios brasileiros, o pajé exerce a mesma função.
- Hipócrates escreveu um livro denominado *Águas, ares e lugares*, que não foi despropositado.
- A Igreja, por sua vez, construía suas catedrais com base na Arquitetura Sagrada, na qual empregavam em todas as suas obras o número áurico (1,61803...) ou proporção áurica. Para quem não sabe o que ele representa, é o número matemático encontrado em todas as formas do Universo, simbolizando a perfeição.
- Em 1935, o dr. Hartmann, na Alemanha, constatou uma série de doenças que estavam coligadas a locais específicos e descobriu uma diferença de potencial ionizante nas superfícies de rios subterrâneos e falhas geológicas que geravam patologias.

Uma pena que esse conhecimento tenha sido esquecido e abandonado pela humanidade, mas podemos retomar o tema, adaptando à nossa forma de vida moderna.

É claro que não viveremos mais sem eletricidade, sem tecnologia, sem pavimentação nas ruas; mas podemos, sim, utilizar esses elementos de forma consciente, equilibrada e respeitosa.

Quanto mais modernidade e tecnologia, mais deveríamos entender o que estamos desencadeando para nós mesmos e para as futuras gerações, pois, nesse momento, existem pesquisadores que acreditam que os lugares já interferem em 70% de nossa saúde.

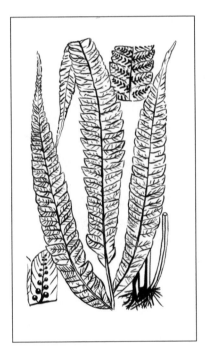

Nephrolepis obliterata – **Samambaia**

Origem: Trópicos.

Luminosidade: semissol a semissombra.

Temperatura: 18 a 24°C.

Características: tem uma capacidade incrível de remover vapores tóxicos do ambiente em quase 90%, principalmente os formaldeídos e álcoois, e um poder de transpiração também de 90%. É considerada a melhor umidificadora natural de todas as plantas testadas pela Nasa.

2

A IMPORTÂNCIA DE UM ESPAÇO SAUDÁVEL

É em espaços saudáveis que o homem consegue atingir todo o seu potencial produtivo, trazendo realização pessoal, financeira e afetiva.

Palavras como vitalidade, energia, disposição e saúde são sinônimos de um estado físico desejável e, nos dias de hoje, invejável.

Viver em um espaço saudável faz toda a diferença. Começa pela qualidade do sono, o acordar bem, ter um sono reparador, e ajuda, inclusive, a melhorar o estado de humor.

Dormir bem é a forma humana de "recarregar as baterias", e se essa conexão é malfeita, se uma qualidade de sono profunda e relaxante não for atingida, será difícil suportar a carga diária, o estresse das grandes cidades, a pressão do trabalho na empresa, as interferências eletromagnéticas e outras perturbações geopáticas.

O sono com qualidade é imprescindível; por isso, sou extremamente cautelosa na análise de um quarto.

Posso dizer que são vários os elementos que podem interferir nesse momento de repouso ou relaxamento. Todas as explicações estão baseadas em laudos médicos e serão comentadas em detalhes nos demais capítulos. Contudo, antecipando essas orientações, um quarto de dormir deve ser, durante o dia, banhado pela luz solar e, à noite, totalmente escuro e sem ruído, o mais *clean* possível e com o mínimo de equipamentos eletrônicos.

Na verdade, qualquer local de longa permanência deve ser analisado minuciosamente para que não se perca toda a energia adquirida durante o descanso, ou – o que seria lamentável – que se tenha um desgaste muito maior no local em que se está trabalhando, comparado ao que seu corpo conseguiu recuperar durante o período em que esteve descansando.

A consequência de um espaço saudável é que, além da melhora da condição física, também há melhora da condição neurológica, o que traz tranquilidade e clareza de raciocínio necessárias para tomar as atitudes corretas, menos tendenciosas ou impulsivas.

Estudos feitos na Urban Land Institute afirmam que é possível aumentar a produtividade de 14 a 30% apenas morando e trabalhando em um ambiente mais saudável.

Garanto que a vida fica mais leve e mais fácil!

Lavandula angustifolia – **Lavanda ou alfazema**
Origem: Mediterrâneo.
Luminosidade: sol.
Temperatura: 8 a 30°C.
Características: por milhares de anos, a lavanda foi usada por seu alto teor digestivo, calmante e tranquilizante, e é considerada o melhor antidepressivo natural. O óleo essencial dessa planta é extremamente complexo, tem mais de 150 componentes. Ao esfregar o óleo na pele, ele a penetra rapidamente e é possível detectá-lo na corrente sanguínea em menos de 5 minutos.

3

A GEOBIOLOGIA OU BIOLOGIA DA CONSTRUÇÃO COMO TÉCNICA DE ANÁLISE AMBIENTAL

A Geobiologia é a ciência que analisa o que acontece dentro da Terra, assim como os desequilíbrios causados pelo homem no planeta que afetam a vida e a saúde de todos os seres vivos.

Os geobiólogos têm a função de analisar, detectar e utilizar técnicas de correção, quando possíveis, para essas interferências telúricas e também para os estragos causados pela humanidade desde a Revolução Industrial, ou seja, nos últimos 500 anos.

Na Europa, países como Alemanha, França e Espanha ministram cursos de geobiologia, inclusive nas universidades de medicina, tamanha é a comprovação científica de que certos elementos são responsáveis pela saúde das pessoas, plantas e animais.

Hoje, vários laudos médicos de doenças causadas por energias telúricas são facilmente encontrados nas redes sociais. Na Alemanha, por exemplo, existem até mesmo hospitais específicos que tratam pacientes com doenças causadas por contaminação eletromagnética (CEM).

28

Isso é um fato, uma realidade pouco divulgada no Brasil, mas amplamente conhecida nos chamados países desenvolvidos – tanto que existe uma legislação séria sobre vários aspectos tecnológicos da vida moderna. Nós, brasileiros, estamos abandonados aos excessos e abusos da tecnologia que geram milhões para poucos, sem pensar no bem-estar de muitos.

A primeira e maior dificuldade está em convencer as pessoas de que esses fatores que desequilibram nosso bem-estar e nossa saúde são reais. Para mim, essa é uma batalha pessoal: tentar passar conhecimento às pessoas e autoridades acerca da importância desses estudos focados na salubridade e na produtividade.

Parece óbvio que, quando estamos em um ambiente mais agradável, produzimos mais e, quando moramos em uma casa mais harmônica e mais saudável, relaxamos mais e temos mais vitalidade – simples assim.

Antes do advento do microscópio, os germes e as bactérias não eram levados em consideração; somente a partir de 1635 pudemos comprovar a existência desses microrganismos. O mesmo ocorre atualmente com a geobiologia. Algumas pessoas ainda duvidam de nosso trabalho, mas, hoje, utilizamos equipamentos eletroeletrônicos de medição, conhecidos e respeitados mundialmente, que provam que coisas que não conseguimos ver podem e afetam, sim, nossa saúde, assim como os vírus e bactérias no passado, mesmo sendo invisíveis ou imperceptíveis.

Todos os dias, ouvimos falar sobre a poluição do ar, mas sabemos realmente o quanto ela prejudica o nosso sistema respiratório?

Os jornais anunciam os vazamentos em usinas atômicas, temos conhecimento de que a radiatividade é causadora de tumores; no entanto, ninguém comenta no Brasil sobre o gás radônio, que emana da terra, em locais em que foram construídas muitas residências – e é um gás extremamente radiativo, inodoro e incolor.

Quantas vezes ouvimos falar de águas contaminadas, de chuvas ácidas, de dermatites causadas pelos formaldeídos e ninguém questiona quanto certos elementos imperceptíveis afetam nossa saúde?

Por isso, dedico esta pequena lista de equipamentos e unidades para os céticos de plantão: contador Geiger, gausímetros, multímetros, bússolas, analisador de partículas, analisador de gases tóxicos, detector de micro-ondas, detector de campo elétrico, laboratórios de análises, entre outros, que são importantes recursos para a identificação de algumas anomalias ou excessos.

Como radiestesista, os pêndulos são inseparáveis e indispensáveis em minhas análises e, para falar a verdade, utilizo todos esses aparelhos eletroeletrônicos para garantir ao cliente a satisfação de um suporte científico, o que também me deixa extremamente confortável na execução do meu trabalho.

É importante reforçar que as várias interferências podem causar, ao longo do tempo, desequilíbrio em nosso organismo, provocando doenças, envelhecimento precoce, alteração no sistema endócrino, hormonal e nervoso, dores, enfermidades crônicas, tumores, etc. Alguns dos vilões responsáveis por esses problemas de saúde são falhas geológicas, jazidas minerais, gases tóxicos ou radioativos, alta-tensão, micro-ondas (ondas de celular), cruzamentos de linhas magnéticas, águas contaminadas ou poluídas, ar poluído, excesso de ruídos, umidade excessiva, falta de luz natural e artificial, calor extremo, contaminação eletroeletrônica, alguns materiais sintéticos, entre outros.

Vale a pena ser mais clara e comentar alguns desses fatores, esmiuçadamente, porque eles fazem parte de nossa vida cotidiana e, como essas emanações são invisíveis, podem passar despercebidas. Para complementar minha afirmação sobre a necessidade de um estudo geobiológico em todos os ambientes, merecem ser citadas três importantes observações.

O dr. Helmut W. Schimmel, médico e pesquisador alemão, declara:

Não posso compreender que as pessoas ainda não acreditem nesses fatores geopáticos que afetam a saúde. Só pode ser uma pessoa de mente estreita. Os fatores de distúrbio geopáticos devem ser introduzidos nos diagnósticos e terapia das doenças. Para nós, a análise de uma doença crônica sem a inclusão de fatores geopáticos não é possível ou insuficiente.

Por sua vez, o Prof. Olle Johansson, doutor e professor-associado do Departamento de Neuroconsciência do Instituto Karolinska, em Estocolmo, na Suécia, diz: "A ES (eletrossensibilidade) resulta de um dano de irradiação que provoca mutações das células, muito parecidas com as verificadas em tecidos submetidos a radiações de UV e radiações ionizantes".

Após cerca de duas décadas de investigações, ele pôde confirmar que as células mastro ou mastócitos de pessoas com eletrossensibilidade (ES), quando expostas a radiações eletromagnéticas, começam a migrar para a superfície da pele e podem desgranular, isto é, descarregar sua carga química de histamina na pele, o que também é muito provável que ocorra no coração, no cérebro e em outras partes do corpo.

Por último, o Parlamento Europeu foi a primeira entidade internacional a reconhecer a ES ou hipersensibilidade eletromagnética (EHS), em sua resolução de 2 de abril de 2009, art. 28:

Os Estados-membros devem seguir o exemplo da Suécia e reconhecer que pessoas que sofram de ES ou EHS sejam reconhecidas como portadoras de incapacidade, garantindo-lhes proteção adequada e igualdade de oportunidades.

***Chrysanthemum morifolium* –**
Crisântemo
Origem: China ou Japão.
Luminosidade: sol ou semissol.
Temperatura: 16 a 20°C.
Características: tem uma variedade incrível de cores. Quando cuidada na temperatura e na luminosidade adequadas e com água frequente, pode florir de 6 a 8 semanas. É uma das flores sazonais que mais absorve os vapores químicos, como formaldeídos, benzenos e amônias, em praticamente 90%, e tem também um alto índice de transpiração, em torno de 80%.

4

FATORES QUE INFLUENCIAM DIRETAMENTE A SAÚDE

CONTAMINAÇÃO ELETROMAGNÉTICA DOMÉSTICA

Geladeira, *freezer*, lava-louça, lava-roupa, secadora, aparelho de som, computador, aspirador de pó, torradeira, liquidificador, rádio--relógio, abajur, telefone, celular + bateria e carregador, *tablet*, MP3 *player*, centrífuga, micro-ondas, sanduicheira, miniforno, TV, aparelho de DVD e *Blu-Ray*, impressora, decodificador de TV a cabo, tomadas por toda a parte, chuveiro elétrico, entre outros – e o pior de todos, a rede *Wi-Fi*. Além desses, não podemos nos esquecer de mencionar: barbeador, depilador, guitarra, amplificador, esteira, telão, batedeira, enceradeira, despertador, lustre, secador de cabelo, *no-break*, transformador – a lista é interminável.

Podemos visualizar o excesso de equipamentos que nos cercam. Como comentei anteriormente, não conseguiremos mais viver sem eles, mas é preciso analisar como e onde serão usados.

Quando um equipamento eletrônico recebe um excesso de carga, ele pode entrar em curto, certo? E nós, que somos complexos seres bioelétricos? Não nos parece uma coisa óbvia? É claro que podemos sofrer uma pane no nosso circuito elétrico com esse excesso de equipamentos interagindo com o nosso corpo 24 horas por dia, todos os dias do ano.

É muito importante dimensionar bem o projeto elétrico e fazer um aterramento adequado.

As partículas elétricas positivas retiram a energia do espaço, ou seja, roubam essa energia de todas as coisas, principalmente dos seres vivos.

É possível descrever dois tipos de contaminação eletromagnética doméstica: campos eletromagnéticos de muito baixa frequência e campos eletromagnéticos de alta frequência.

Campos eletromagnéticos de muito baixa frequência

Os campos eletromagnéticos de muito baixa frequência (50 a 60 Hz) são provocados pelos aparelhos elétricos e eletrônicos e pela rede elétrica na qual estão ligados. São chamados de eletricidade suja, pois vão absorvendo todo tipo de interferência, o que "suja" a rede elétrica. São considerados extremamente nocivos, uma vez que, próximo a essa carga, nosso organismo funciona como uma antena e, dessa forma, nossas células, sendo micro-oscilantes, têm uma alteração de frequência, podendo causar envelhecimento precoce, alteração do sistema endócrino e nervoso, dores e enfermidades crônicas.

Campos eletromagnéticos de alta frequência

São provocados por todas as comunicações sem fios (*wireless*) que usam micro-ondas pulsadas, como telefones celulares, telefones móveis, antenas de comunicação e transmissão, TETRA (comunicações da polícia e militares), radares, etc.

O funcionamento das contaminações eletromagnéticas (CEM) de alta frequência ocorre entre 1 MHz e 5 GHz. Essas micro-ondas produzem grandes alterações em nosso equilíbrio bioelétrico e penetram através do tecido de nosso corpo, que é mais condutor que o ar.

É claro que os celulares fazem mal, emitem frequências de 2 a 4 mcW/m^2 quando estão em *standby*, alcançando até 217 Hz quando em uso; o valor de sua irradiação é de espantosos 20.000 mcW/m^2.

As micro-ondas também têm um efeito térmico, ou seja, elas aquecem bastante, e isso é informado nos manuais dos aparelhos de celular. É recomendado manter certa distância entre o aparelho e o corpo, mas infelizmente poucas pessoas leem essas informações.

Essas ondas dilatam a barreira hematoencefálica, permitindo que alguns elementos, como metais pesados, acabem passando e se acumulando no cérebro, o que pode provocar danos irreversíveis futuramente.

O ato de dirigir falando no celular, que já é um problema em si pela distração e, consequentemente, por eventuais acidentes, pode provocar um estrago ainda pior, porque o celular fica com a CEM de alta frequência amplificada, em razão da concentração metálica do veículo.

Cuidados especiais que devemos empregar no dia a dia: manter fora da tomada os aparelhos que podem ficar desligados, principalmente a rede *Wi-Fi*, quando não estiver sendo utilizada ou na hora de dormir, e não ter preguiça de desligá-los, pois assim você está trazendo um enorme benefício à sua saúde, da sua família e de seus vizinhos; não carregar o celular preso ao corpo, não ficar segurando o aparelho, colocá-lo sempre sobre a mesa, fazer curtas ligações, falar o mínimo possível (para quem realmente tem a necessidade de utilizá-lo com mais frequência, comprar um fone de ouvido, pois isso ajuda bastante) e, principalmente, não dormir com ele debaixo do travesseiro.

As micro-ondas emitidas pelos aparelhos e pela rede *Wi-Fi* não têm barreiras, atravessam praticamente tudo e nós ficamos expostos a elas, sem nenhum controle. Já melhorei a vitalidade de muitas pessoas apenas eliminando a rede *Wi-Fi* de dentro de casa; estresse, irritação, insônia e cansaço são os sintomas mais comuns.

Existe um importante estudo que diz que os celulares, quando colocados na região da cintura masculina, diminuem o volume de esperma e, em alguns casos, provocam inflamação da próstata. Esse estudo não aponta o mesmo resultado para a redução ou a qualidade de óvulos da mulher, o que causa certa estranheza.

Uma vez que o problema no esperma é comprovadamente grave, por que o celular não afetaria o coração, o cérebro, os pulmões, o fígado, o estômago, os ovários, enfim, todo o nosso corpo?

Se você quiser saber a localização das antenas de celular próximas à sua casa ou escritório, acesse o *website:* www.coberturacelular.com.br. Saiba que, a uma distância de 500 metros, a emissão dessas ondas prejudiciais à nossa saúde cai pela metade.

Cinnamomum zeylanicum – **Canela**

Origem: Ásia e Oeste da Índia.

Características: pode atingir até 10 m de altura. Extraída da casca de árvores jovens (até 3 anos), dura muito tempo. Na Antiguidade, foi usada pelos hebreus, romanos e gregos, por seus efeitos medicinais, principalmente na solução de problemas digestivos. Somente a partir do século XVII, é que os europeus começaram a usar a canela na cozinha, para esconder o sabor amargo de outras ervas. Além dos efeitos medicinais e do uso culinário, tem propriedades antissépticas, pois mata algumas bactérias, fungos e vírus.

CONTAMINAÇÃO SONORA

É considerada nociva acima de 80 decibéis. Sabemos que o excesso de barulho ou o barulho constante provoca danos ao sistema auditivo, causando surdez; o que poucos sabem é que isso também provoca sérios problemas cardíacos, bem como ao sistema nervoso.

Típica das grandes cidades, a poluição sonora é mais grave do que pode parecer, e a preocupação com esse tipo de contaminação ocorre por provocar transtornos do sono, perda de atenção, dificuldade de comunicação, condutas mais agressivas e dificuldade de convivência – como consequência global, temos cidades mais inóspitas e atraso econômico-social.

O Quadro 1 apresenta de forma clara os principais efeitos da poluição sonora.

Quadro 1   Principais efeitos da poluição sonora

Ruído em excesso	Mal-estar Estresse	Transtornos psicológicos	Custos na saúde
	Transtorno nos sonhos	Doenças cardiovasculares	Baixa produtividade
	Perda de atenção	Atraso escolar	Acidentes no trabalho
	Dificuldade de comunicação	Condutas agressivas	Perda de valores
	Perda de audição	Dificuldade de convívio	Cuidados em hospitais
	Atraso econômico-social		

Um outro importante fator que deve ser mencionado é que o **ruído** cria uma atividade cerebral intensa, pois o cérebro busca reconhecê-lo de alguma forma e, como não encontra um padrão, acaba gerando um estado profundo de irritação e, em alguns casos, mudanças de humor.

Luciano Kurban, produtor musical e estudioso da física do som, explica a diferença entre os sons musicais e os ruídos:

Os sons musicais podem ser reproduzidos porque possuem uma frequência definida dentro de toda a complexidade do espectro sonoro, e o mais importante, apresentam uma periodicidade, ou seja, uma frequência fundamental predominante, que dá o nome da nota musical. Podemos dizer que ela não é percebida conscientemente, mas essa frequência, sim, o seu cérebro sabe identificar. Já os ruídos não apresentam nenhuma periodicidade e são caóticos. Seu cérebro também detecta essa ausência, baseado nas características físicas das vibrações.

Na realidade, os sons têm mais efeitos sobre nós do que poderíamos entender. As vibrações de motores, como de geladeira, *freezer* ou ar-condicionado, afetam nosso estado emocional, mesmo que em alguns casos sejam inaudíveis. São necessárias pelo menos três paredes para absorver essas ondas sonoras.

Existem algumas técnicas para parar o som em uma edificação. Sabendo que ele trafega mais rápido no solo, um exemplo é usar uma parede dupla com ar, madeiras e blocos de concreto especial, que têm em sua composição a parte orgânica da madeira, lã de PET, etc.

Ginkgo biloba – Ginkgo-biloba

Características: a árvore da ginkgo-biloba é a espécie mais antiga sobrevivente no planeta, datando de milhões de anos atrás. O extrato das folhas é muito popular para melhorar a circulação no cérebro, aumentando a oxigenação e, consequentemente, a clareza mental. Não deve ser consumida sem orientação médica.

REDES E TORRES DE ALTA-TENSÃO

Basicamente, o assunto é o mesmo das contaminações eletromagnéticas que encontramos nas residências, mas, neste caso, obviamente são potências muito mais elevadas.

Sendo "inimigas invisíveis", as redes de alta-tensão, com seus transformadores acoplados, continuam colocando em risco a saúde de muitas pessoas. No Brasil, é comum passarem encostadas nas casas, edifícios ou zonas comerciais, onde mora ou circula um fluxo enorme de pessoas. Não existe legislação que determine uma distância segura dessas redes.

No entanto, existem regras muito rigorosas na Europa. Por exemplo, na França, é proibida a construção de residências e empresas em um raio de 800 metros, no mínimo, das torres de alta-tensão.

São vários os estudos na Europa que detectam a leucemia infantil como uma das doenças causadas pela contaminação eletromagnética. Por terem a cabeça menor e a caixa craniana mais fina,

as crianças absorvem a irradiação em uma quantidade bem mais elevada do que os adultos. O sintoma mais comum da exposição à radiação eletromagnética é o aumento da temperatura dos tecidos. Quando esse aumento atinge 1 a 2°C, decorrem inúmeros efeitos, como irritação nos olhos e, em casos extremos de exposição, cataratas.

Outros problemas bastante comuns são: desequilíbrio emocional, irritação, alucinações, queda de cabelo, perda de memória e impotência. Como forma de proteção, deve-se ficar o mais longe possível das redes e utilizar muitas plantas próximo às janelas, pois elas absorvem grande parte dessas cargas. Uma vez que as ondas do campo eletromagnético emitidas pelas torres são ondas grandes, se for colocado um alambrado ultrapassando a altura do imóvel, essas ondas não vão conseguir transpor essa barreira, consistindo em uma técnica de proteção contra essa irradiação. O ideal seria que esses cabos de alta-tensão fossem aterrados – quem sabe futuramente?

Em 27 e 28 de março de 2014, no Workshop on Electromagnetic Fields and Health Effects: From Science to Policy and Public Awareness (Workshop sobre Campos Eletromagnéticos e Efeitos na Saúde: da Ciência para a Lei e a Defesa Pública), que aconteceu na cidade de Atenas, na Grécia, foi apresentada a nova Opinião Preliminar do Comitê Científico de Riscos de Saúde Emergentes e Recém-identificados (Scientific Committee on Emerging and Newly Identified Health Risks – SCENIHR), que constitui uma avaliação de risco detalhada sobre a matéria, em face dos mais recentes desenvolvimentos científicos internacionais. Infelizmente, os dados não foram amplamente divulgados, mas os interessados podem buscar essas informações no *website* da Comissão Europeia (European Comission – EC): www.ec.europa.eu.

Petroselinum crispum – **Salsinha**

Origem: Mediterrâneo.

Características: considerada uma das maiores fontes de cálcio, ferro e vitamina C, contém também substâncias antiespasmódicas, sendo indicada no alívio da má digestão. Foi trazida ao Brasil no início da colonização. Além de seu uso como tempero, também era aplicada em hemorragias de úlceras, feridas e picadas, sob a forma de cataplasma. Não é muito recomendada para mulheres grávidas, por facilitar o fluxo menstrual.

IMPERMEABILIZAÇÃO DO SOLO E CONTAMINAÇÃO DOS LENÇÓIS FREÁTICOS

De todos os elementos existentes na natureza, a água é a mais misteriosa e talvez a mais maravilhosa criação.

A origem da vida foi a partir dela e podemos dizer que, sendo totalmente fluida, a água nos envolve, causando uma sensação deliciosa, em geral refrescante; ao mesmo tempo, ela escorre por entre nossos dedos, sem conseguirmos contê-la.

Assume os estados líquido, sólido e gasoso e, acreditem, não existe a formação de uma só gota de água no planeta – ela está toda aqui. Esse fato exige uma atenção especial: não há maneiras de se fabricar água.

Quando impermeabilizamos o solo, construindo ruas, avenidas, estradas, casas, galpões, escritórios ou quintais, estamos impossibilitando as águas de penetrarem na terra e abastecerem nossos lençóis freáticos. A impermeabilização do solo também é a grande culpada pelo aumento das enchentes que devastam bairros inteiros, pois, associadas ao lixo e ao descaso da população, acabam criando o caos e trazendo todo o tipo de doenças e surtos epidêmicos.

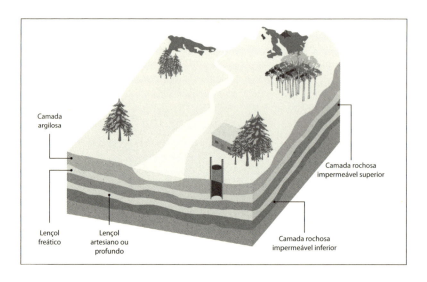

Entre 2014 e 2015, a cidade de São Paulo enfrentou um período terrível de seca, que já foi chamada de "cidade da garoa". Muitas pessoas levaram a sério o problema e começaram a controlar e a cobrar dos outros os desperdícios referentes ao uso da água. A era do banhos de chuveiro longos, das torneiras abertas, da lavagem das calçadas é finita. O quadro é preocupante, mas, ao mesmo tempo, bastante positivo, pois não deixa de ser um alerta à população de modo geral. Espero sinceramente que, com o retorno das chuvas, a atitude das pessoas continue sendo proativa quanto ao consumo da água.

Já em relação aos lençóis freáticos, o índice de contaminação é monstruoso. Sabemos que alguns países transformam o esgoto em matéria orgânica, que, posteriormente, é aplicada na fertilização do solo, embora esse método apresente o inconveniente de veicular microrganismos patogênicos. Nesse caso, os excrementos humanos contaminam os poços e mananciais de superfície.

Em nosso país, a falta de esgoto ou controle sobre ele causa o mesmo efeito. Quando jogamos resíduos, agrotóxicos ou produtos químicos no solo, estamos contaminando diretamente nossos rios e reservas subterrâneas. Com a diminuição da absorção e o aumento de contaminação, estamos matando nossas águas.

Exatamente por isso fiz questão de abordar assuntos distintos em uma única seção, porque os dois estão relacionados ao mesmo tópico: a água como fonte da vida.

Há, ainda, outra grande preocupação em relação à água. Só bebo água natural, sem gás e sem gelo; como um *sommelier* que conhece profundamente o vinho, saboreio a água com o mesmo prazer e ultimamente tenho sentido uma grande diferença no gosto. Então me pergunto: qual será o sabor das nossas águas daqui a 50 anos?

***Ocimum basilicum* – Manjericão**

Origem: Índia.

Características: existe uma dúzia de variedades de manjericão conhecidas, e a despeito dos benefícios à saúde, é usado principalmente como tempero. É um importante símbolo religioso hindu e uma erva básica no tratamento aiurvédico. Ajuda na cura de dores de cabeça, inflamação, distúrbios estomacais, problemas do coração e malária.

MATERIAIS DE CONSTRUÇÃO

É importante que nossos arquitetos cuidem com muito carinho da escolha dos materiais de construção, que é fundamental para o nosso bem-estar. Eles estão em contato direto e diário com os fornecedores; por isso, têm condições de controlar a origem, a composição química e a forma de fabricação desses produtos e do acabamento e, assim, proteger seus clientes, fazendo o papel de verdadeiros "médicos da construção".

Não adianta criar um projeto espetacular para uma residência ou estabelecimento se todos que ali habitarem ou trabalharem tiverem sua saúde prejudicada.

Com um pouco de conhecimento, poderemos evitar compostos como formaldeídos, benzenos e fenóis, que são gases alergênicos e cancerígenos.

Sabemos que a maioria dos materiais sintéticos e vários tipos de plásticos são emissores de formaldeídos. Estudos em humanos e animais indicam que esse gás incolor, quando inalado em determinado nível, pode ser irritante para o trato respiratório e olhos, bem como para a pele e o sistema gastrointestinal por via direta (contato) e oral, respectivamente. A Agência Internacional para Pesquisa sobre Câncer (International Agency for Research on Cancer – IARC) determinou que o formaldeído é cancerígeno para os seres humanos, baseado na existência de evidências limitadas em seres humanos e evidências suficientes em animais de laboratório[*] de que o formaldeído pode causar câncer.

Devemos também evitar materiais que tenham em sua composição os metais pesados, pois são extremamente perigosos. Mesmo não tendo uma ação imediata, esses metais tendem à biocumula-

---

[*] N.A.: Sou radicalmente contra pesquisas de laboratório em animais. Minha opinião é de que não existe nada mais desumano nessa atitude; contudo, o meu cuidado nesse momento é evidenciar embasamento científico ao assunto em questão.

ção, uma vez que os seres vivos não conseguem metabolizar esses elementos. Estamos falando especificamente de cromo, chumbo, cádmio, manganês e arsênio.

O cromo provoca rinite e sinusite crônica quando inalado; se ingerido, pode provocar choque cardiovascular; e em estado oxidado, é reconhecido como cancerígeno. Tudo que é cromado é desaconselhável, porque, no momento em que o verniz ou outro produto de proteção tiver seu desgaste natural, teremos um contato direto com aquilo que foi cromado (por exemplo, as maçanetas).

O chumbo, em altos níveis de exposição, pode causar danos no sangue, nos rins, no trato intestinal e no sistema reprodutor e lesão no sistema nervoso. Tudo o que é muito maleável pode conter chumbo.

O cádmio está associado a disfunção renal, problemas graves nos pulmões, como câncer, e defeitos ósseos.

O manganês, em excesso, causa rigidez muscular, tremores nas mãos, doenças como Parkinson, bronquite e perda de memória.

O arsênio está associado à lesão de pele, assim como ao câncer de pele, bexiga e pulmão, além de doenças vasculares.

Bem, essa referência aos metais pesados não é nada agradável de ser lida. Nesse aspecto, todo o cuidado do mundo é pouco e esse cuidado só pode trazer pontos positivos para nós mesmos, para o nosso bem-estar e para a nossa saúde.

Outro problema grave são os materiais que se dizem bactericidas, uma vez que esse produto é incorporado ao objeto. É como se você estivesse tendo contato diariamente com um antibiótico, o que é totalmente desnecessário, e, em alguns casos, esses produtos podem ser cancerígenos; portanto, a bactéria vale mais a pena, até porque nosso corpo físico é habitat natural de bilhões de bactérias.

Esses elementos, prejudiciais à nossa saúde, devem ser levados em conta na hora da escolha dos materiais de construção. Essa escolha parece uma coisa simples quando se busca economia. Entendo perfeitamente que, na hora de construir, todos nós temos uma verba preestabelecida e que essa verba influencia nossa decisão na hora da compra; porém, existem algumas pedras e mármores, por exemplo, que são radioativos e, se você não investigar a procedência do produto, estará levando para dentro de sua casa ou de sua empresa um produto extremamente nocivo.

Outra possibilidade ruim é que existem alguns materiais de construção com tendência a acumular eletricidade estática alta, o que significa mais eletricidade para um corpo que já vem sendo bombardeado por campos elétricos.

Esses cuidados contribuem para a nossa vitalidade, tanto das pessoas que estão trabalhando na obra como também daquelas que irão conviver nesse local – já que a finalidade de toda construção é o habitar, não no sentido de morar, mas no sentido de usufruir. Com certeza, economizaremos horas de consultórios médicos e consumo desnecessário de medicamentos, para desfrutarmos mais a vida.

Enfim, a modernidade e a tecnologia criaram uma infinidade de produtos usados na construção e na decoração que são bastante práticos, mas ecologicamente incorretos e evidentemente prejudiciais à saúde, como tintas, solventes, cerâmicas, carpetes, etc.

No interior de Minas Gerais, é comum a utilização de cal com pigmentos de terra para pintar as casas. Existe uma variedade enorme de tons e cores. Nada mais barato, mais bonito, mais natural e mais saudável.

De modo geral, os fabricantes têm mudado sua postura, procurando se enquadrar nas normas "verdes", mas ainda encontramos um número alto de fornecedores que mantêm uma visão irresponsável, continuando a fazer produtos com um grau de insalubridade gigantesco ou que apenas mudaram a embalagem com um novo apelo: o de ser "verde".

Leiam sempre os rótulos, pesquisem sobre os componentes. Essa é a nossa única chance de controlar a construção de um espaço, tendo a certeza de que não comprometeremos a salubridade local.

É importante lembrar que os metais são condutores elétricos; por isso, devemos evitar as placas de metal dentro de escritórios. Existem outras soluções mais saudáveis. O metal, tanto nos acabamentos quanto nos móveis, deve ser bem empregado, observando-se o campo elétrico existente.

O sonho para uma construção perfeita é buscar produtos, fibras e pigmentos naturais, e essa é a tendência dos países desenvolvidos – podemos ver esse cuidado até na moda, pois, hoje, os tecidos 100% algodão são *top*. Devemos aproveitar as madeiras recicladas, pisos e móveis de bambu, preservando dessa forma as nossas árvores (para quem não sabe, o bambu é uma gramínea, e não uma árvore). Portanto, para uma construção saudável, a palavra "natural" é que deve valer.

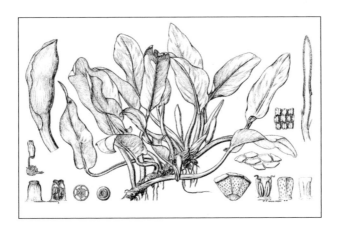

Philodendron domesticum – **Filodendro**

Origem: Brasil.

Luminosidade: sombra ou semissombra.

Temperatura: 16 a 21°C.

Características: é uma planta que gosta do solo úmido, mas não encharcado. Cresce facilmente e tem uma boa resistência a pragas. Apesar de não ter uma capacidade de transpiração muito alta (50%) e possuir um poder baixo de absorção de vapores químicos tóxicos (40%), pelo fato de se adaptar a locais de pouca luminosidade, essa planta faz um bom trabalho, além de ser extremamente decorativa. Existe uma grande variedade de filodendros, um dos mais comuns é popularmente conhecido como orelha-de-elefante.

MATERIAIS DE LIMPEZA

Todo tipo de atenção vale também para os materiais de limpeza. Ainda não inventaram nada melhor que vinagre, limão e bicarbonato de sódio. Para que sua casa fique sempre perfumada, acrescente óleos essenciais naturais de eucalipto, capim-limão, verbena, alecrim, etc.

Na Europa, é longa a prateleira de produtos de limpeza orgânicos. Em cidades grandes, como São Paulo, podemos encontrar um único confiável, mas já é um começo; mesmo pagando mais caro, a saúde da casa (e das pessoas em volta) é mais importante e, no final, o produto rende mais, sem causar danos à pele e aos pulmões.

A composição química dos materiais de limpeza industrializados pode ser extremamente tóxica, segundo o dr. Anthony Wong, diretor do Centro de Assistência Toxicológica do Hospital das Clínicas de São Paulo. Wong declara que os produtos ainda mais perigosos são aqueles que combatem fungos e bactérias e que, se não forem manuseados de forma correta, podem causar danos graves

à saúde, pois a maioria contém amoníaco, substância que libera o gás amônio, quando aquecido.

Os amaciantes podem causar irritações na pele e nos olhos. A água sanitária libera o gás cloro, que afeta as vias respiratórias, provoca lacrimejamento, dores de cabeça e piora o quadro asmático de quem já tem o problema. Em locais fechados, pode provocar intoxicação de quem está manipulando o produto; uma dica para minimizar os efeitos da água sanitária é manter o ambiente sempre bem arejado.

Outra vilã silenciosa e perigosa é a combinação corrosiva da soda cáustica e do nitrato de potássio, conhecidos como os desentupidores de pias e ralos, que podem causar irritações na pele, nos olhos e são altamente inflamáveis. Ocorre o mesmo com os solventes à base de querosene.

Os desodorizantes de ambiente podem conter paradiclorobenzeno, que pode provocar alergias nas vias respiratórias, irritar pele e mucosas e causar danos no fígado e sistema nervoso.

Um problema bastante sério são as "misturinhas" na limpeza doméstica. Muitas pessoas criam suas próprias combinações, sem o menor conhecimento dos ingredientes químicos e, com isso, produzem produtos extremamente nocivos à saúde e, em alguns casos, explosivos.

Um exemplo claro é a mistura de água sanitária com amaciante, bastante comum na lavagem das roupas. "Juntos, os componentes destes dois produtos liberam cloroaminas, gases facilmente aspirados e absorvidos pelo corpo", destaca Rodrigo Cella, químico e professor da Faculdade de Engenharia Industrial (FEI). As consequências vão desde irritação na pele e olhos até sangramentos e danos severos no fígado e nos rins.

Ler os rótulos, respeitar orientações dos fabricantes confiáveis na manipulação desses produtos e escolhê-los pela qualidade e não pelo preço é um benefício para todos. Seja para limpeza de residências ou de empresas, existe uma responsabilidade social das pessoas que escolhem esses produtos. Contudo, a minha recomendação sempre será: dê preferência para os materiais de limpeza naturais.

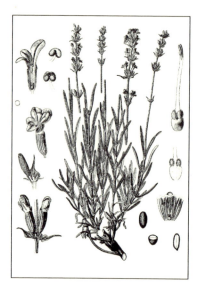

***Melaleuca alternifolia* – Melaleuca**
Origem: Austrália.
Características: pode chegar a 10 metros de altura. Os aborígenes – povos nativos da Austrália – tratavam as infecções colocando um macerado de folhas de melaleuca sobre a ferida. É um poderoso antisséptico e mata microrganismos que causam infecção, incluindo leveduras, fungos e bactérias resistentes à penicilina. O óleo essencial é de uso tópico; quando ingerido, pode ser extremamente tóxico.

ALTERAÇÕES TELÚRICAS

Rios subterrâneos, falhas geológicas, solos pantanosos, minérios, gases, chaminés terrestres e redes magnéticas (as linhas de força do planeta que possuem um alto padrão vibracional) são os primeiros fatores de influências geobiológicas que devem ser considerados. Todos esses elementos estão bem sob nossos pés, e podemos dizer com segurança que há muita coisa acontecendo embaixo do asfalto ou da terra.

Difícil acreditar? Mais uma vez, como não vemos, é comum não pensarmos e, por consequência, não acreditarmos.

Esses elementos criam diferentes potenciais eletromagnéticos e diferentes graus de ionização, que, por sua vez, são absorvidos pelo organismo e, dependendo da intensidade, podem causar transtornos à saúde; por isso, devemos evitar ficar um período de longa permanência nesses pontos.

Já mencionei anteriormente que todo edifício deveria ser analisado como um ser vivo. Gosto da alusão que meu querido amigo Allan Lopes faz em seu livro *Geobiologia: A arte do bem sentir*, quando coloca as paredes, o solo, o telhado, as vigas de sustentação, as janelas e as portas como estruturas semelhantes a pele, pés, cabeça, ossos, músculos, poros e orifícios humanos.

Em minhas análises, presto atenção à forma física da casa, ao estado da pele (paredes), dos ossos (estrutura) e da musculatura (vigas), a como ela respira (portas e janelas) e se nutre (claraboias). Observo se a circulação está fluindo, se a cabeça (telhado) está bem posicionada em relação ao céu e se os pés (pavimentos) estão firmes na terra. Já os rios, falhas e linhas eletromagnéticas correspondem aos meridianos e ao sistema linfático. Todos esses elementos em equilíbrio fazem desse organismo um "ser saudável", ou melhor, um espaço saudável.

Rios subterrâneos

Como elemento, a água tem o poder de limpar, dissolver e mudar o teor de concentração dos outros elementos. Essa afirmação é válida não só na Natureza, mas também nos animais, incluindo os humanos, uma vez que o corpo do homem é composto de 70 a 75% de água.

Elas podem ser suaves e delicadas, como uma gota de orvalho, ou violentas e destruidoras, como um *tsunami*. É dessa maneira que podemos visualizar um rio passando embaixo de determinado local, gerando atrito nas paredes das rochas subterrâneas.

Se a intensidade da água for a de um *tsunami*, ela será devastadora, porque, à medida que bate nas rochas, decompõe os minérios, alguns dos quais podem ser radioativos, como o polônio, ou podem criar uma diferença de potencial ionizante, gerando uma série de íons que, ao aflorar na superfície, pode causar danos em nosso sistema imunológico e em nossa energia, provocando envelhecimento precoce e até mesmo tumores, pois essa perturbação energética se propaga na vertical ascendente.

A água também é um condutor elétrico e isso é mais um agravante, dependendo da situação e da exposição. Nos outonos e invernos prolongados, ela pode deixar um determinado ambiente extremamente úmido e frio, o que é totalmente insalubre para as pessoas que vivem ou trabalham nesse local.

As águas também adquirem características dos locais por onde passam, talvez pelo fato de terem em sua estrutura uma molécula bipolar – duas partículas de hidrogênio (positivas) e uma de oxigênio (negativa). Segundo pesquisas de Masaru Emoto, autor do livro *Mensagens da água*, a molécula de água absorve energias positivas, assim como energias negativas, ou seja, sua estrutura interna muda com facilidade.

Os métodos de acupuntura de solo sobre os rios subterrâneos têm dado resultados surpreendentes.

Veios d'água

Pode-se dizer que, dentro dos veios, a água circula formando duas espirais circuncêntricas, criando um atrito gerador de perturbação geobiológica, que dependerá obviamente do volume de água que por ali passar em cada segundo.

Na Física, existe um fenômeno chamado de ressonância, no qual se registra a transferência de energia de um sistema oscilante para outro, quando a frequência do primeiro coincide com uma das frequências próprias do segundo.

Desse modo, considerando que nosso corpo é composto de água (70%), entramos em ressonância com o veio de uma zona perturbada, simplesmente por similaridade, e passamos a vibrar da mesma forma. A longo prazo, essas águas podem causar processos degenerativos, como osteoporose, fadiga, problemas renais, nos nódulos linfáticos e no sistema nervoso, depressão, artrite, reumatismo, etc.

Lençóis freáticos

São um conjunto de águas em atividade, difícil de especificar uma direção definida dos lençóis freáticos. Às vezes, ocorrem em forma de lagos subterrâneos, criados pelas águas pluviais, o que inicialmente não causaria grandes problemas; porém, se não forem alimentados e, por sua vez, ficarem estagnados e podres, as águas de nosso corpo também poderiam entrar em ressonância com esse lençol freático, como ocorre no caso dos veios d'água, além dos gases tóxicos que acabaríamos respirando, ocasionando perda de energia, depressão e doenças respiratórias.

Transpondo essa mesma ideia para o interior de uma residência, dormir com a cabeceira da cama próxima ao sistema hidráulico ou sobre ele pode nos adoecer da mesma forma.

Rosmarinus officinalis – Alecrim

Origem: Mediterrâneo.

Características: por seu aroma característico, os romanos chamaram o alecrim de *rosmarinus* (latim), que significa "orvalho do mar". Seus efeitos à saúde são inúmeros, desde antibactericida até poderoso antioxidante. Tem efeitos muito positivos em pessoas que sofrem de depressão, pois atua diretamente no sistema límbico. Seu uso não é aconselhado em gestantes.

Falhas geológicas

São fissuras, rachaduras ou fendas no terreno que podem ser superficiais ou profundas, produzidas pelo encontro de duas massas diferentes (placas tectônicas), com polaridades diferentes. Chamam a nossa atenção somente as profundas.

Dentro dessas falhas, muitas vezes encontramos um fluxo natural das águas, o que as qualificam como falhas úmidas (em oposição às secas); então, somando-se as alterações de energia provocadas nas superfícies com a das águas e, porventura, com alguma alteração elétrica, sabemos que esse local pode causar efeitos danosos à saúde.

Existem situações em que podemos detectá-las apenas através da observação da Natureza, pois, em virtude dessa perturbação geológica, algumas árvores eliminam resinas, outras criam protuberâncias, tumores ou têm galhos que apodrecem espontaneamente.

Nos edifícios, podemos detectar rachaduras nas paredes. A deterioração e a perda de qualidade dos materiais podem ser causadas pelas falhas no subsolo.

Essas emanações telúricas criam padrões energéticos desarmônicos, isto é, de diferentes polaridades; como consequência, as tentativas de consertar as rachaduras geralmente não dão resultado. A construtora pode ser idônea, os materiais podem ser de melhor qualidade, os cuidados durante a obra, corretos, mas, se a falha está em uma posição vertical à edificação, a recuperação é muito mais difícil.

Por causa dessas falhas, existem doenças relacionadas ao sistema cardiovascular que são mais comuns e também podem ocorrer náuseas, problemas na pele e perda de concentração. Esses sintomas vão aparecendo com o passar do tempo, sempre considerando que a exposição a esse ponto geopático seja de longa permanência.

Qualquer pessoa que tenha um pouco mais de sensibilidade pode sentir o efeito das falhas sobre o corpo. Eu, por exemplo, fico zonza, cansada, algumas vezes sonolenta, e se a intensidade for muito grande, chego a ficar nauseada rapidamente; é uma sensação terrível, preciso mudar de lugar imediatamente.

Essa diferença de potencial pode ser medida com aparelhos adequados, os mesmos que fazem a sondagem procurando água subterrânea.

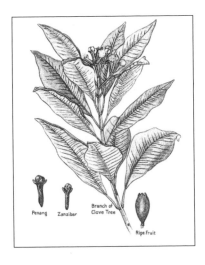

***Eugenia caryophyllata* – Cravo**
Origem: Ilhas Molucas, Indonésia.
Características: faz parte das culturas japonesa e chinesa. Seu óleo essencial é composto em até 90% de uma substância conhecida como eugenol, responsável pelas propriedades antisséptica e anestésica da planta. Por isso, foi largamente usado em tratamentos dentários.

Chaminés terrestres

Também conhecidas como "respiradouros energéticos da Terra", são verdadeiros vórtices, invisíveis a olhos nus, em formato cilíndrico, que têm atividade própria e intensa, em alternância de rotação (horário e anti-horário), fazendo essa ponte entre o céu e a Terra.

É possível detectar esse movimento ascendente e descendente se nos posicionarmos bem no centro dessa chaminé. Elas não são regulares, apresentam vários braços, que lembram a figura de uma ameba.

Não existe um padrão para a formação desses vórtices nem uma explicação, eles simplesmente existem. Em determinados locais, conseguimos detectar vários deles; em outros, nenhum.

Não são estáticas, talvez pelos próprios movimentos terrestres ou pelo deslizamento das placas tectônicas. Notamos que essas chaminés se movimentam muito lentamente.

Existem pessoas que acham interessante meditar sobre elas, mas esse fluxo alternado de rotação não é o padrão para nosso corpo físico – eu mesma já presenciei casos de extrema irritabilidade, mudança de humor e até agressividade nesses locais.

Salvia officinalis – Sálvia

Origem: Mediterrâneo.

Características: mede de 30 a 50 cm. A origem da palavra vem do latim *salvere*, que significa "salvar", tamanha era a importância da sálvia na Antiguidade. Usada pelos romanos e gregos, ela foi introduzida na China e cotada como uma erva tão maravilhosa que, na barganha, a troca era feita na proporção de uma porção de sálvia por três porções de chá. Seus efeitos na medicina iam desde a cura de ferimentos até a solução de problemas gástricos, insônia e depressão. Nos dias de hoje, ela também é usada em locais de picadas de inseto. Não se deve ingerir seu óleo essencial, pois pode conter uma alta concentração de tujona, que é uma substância tóxica.

Redes magnéticas e pontos-estrela

Sabemos que, tanto as redes magnéticas quanto os pontos-estrela, eram do conhecimento dos chineses, egípcios, celtas, astecas, incas, maias e outros povos antigos.

Esses conhecimentos foram abandonados e retomados por alguns cientistas e pesquisadores no século XX, muitos dos quais tiveram seu nome dado a suas descobertas, como dr. Ernest Hartmann, dr. Peyrè, A. Belizal, Roger de la Forrest e dr. Curry. Esses cientistas conseguiram provar a existência das linhas de força do campo magnético da Terra.

Essas linhas têm distâncias predeterminadas e cruzam o planeta sempre de Norte a Sul e de Leste a Oeste. Existem mais de sessenta tipos de redes, e algumas circulam a 90° e outras a 45° em relação ao eixo central do planeta.

É importante mencionar que elas não fazem mal aos seres vivos; são inerentes ao astro e surgiram em decorrência da massa de ferro, níquel, silício e enxofre no interior do núcleo e dos movimentos de rotação e translação da Terra.

Elas só podem causar algum tipo de patologia quando uma pessoa for submetida a um período de longa permanência no chamado ponto-estrela, que seria um cruzamento de rede ou redes e que potencializa seus efeitos, quando associados a rios subterrâneos, falhas, atividades elétricas na crosta da terra, etc.

Pela perda da capacidade de observação e sensibilidade, o homem passou a ocupar qualquer área, sem controle nenhum e sem se preocupar com as consequências de sua ocupação. Contudo, experimentos comprovam que essas ondas podem alterar o comportamento das células e, consequentemente, dos tecidos e órgãos, modificando a química, a estrutura molecular, o processo hormonal, etc.

Outra característica dessas redes é que nenhuma delas tem uma forma física, mas são bastante fluidas e têm a capacidade de absorver todo o tipo de frequência que encontram pelo caminho.

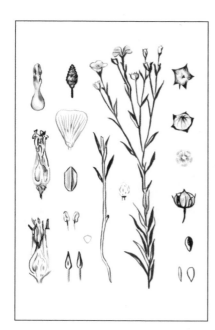

Linum usitatissimum – **Linhaça**

Origem: Egito.

Características: as fibras de linhaça foram encontradas em câmaras funerárias datadas de 3.000 anos. São usadas no tratamento de várias doenças, incluindo tosse, problemas urinários, irritações na pele e problemas intestinais. Na Índia, são usadas como ingrediente em *chutneys*. Nos dias de hoje, a linhaça é considerada um poderoso antioxidante, capaz de bloquear os efeitos dos radicais livres, tanto em problemas como câncer quanto cardíacos.

REDES DE RÁDIO E COMUNICAÇÃO

São os grandes vilões dos tempos modernos. Provocam discussões infindáveis sobre o tema, que é bastante polêmico.

Para refletir sobre esse assunto, gostaria de relembrar um outro fato. Muita gente deve se recordar, como eu, de que foram publicados inúmeros laudos provando que o cigarro não causava nenhum mal à saúde, até que a verdade veio à tona. Os interesses comerciais e financeiros eram tantos que constantemente eram veiculadas propagandas enganosas, apresentando pessoas charmosas, ricas, esportistas e saudáveis, em momento de grande relaxamento, em um cenário indescritível, com roupas chiques, homens e mulheres deslumbrantes fumando tranquilamente. É assustador pensar como fomos manipulados – ou será que ainda somos manipulados?

A comunidade científica naturalista, diferentemente das empresas de comunicação, exprime opiniões terríveis a respeito das redes de rádio e comunicação, em razão do mal que causam e da falta de cuidado e preocupação com as pessoas. Por exemplo, as empresas de celulares no Brasil emitem, em suas transmissões, 8 a 10 milhões de vezes mais ondas do que o necessário para o telefone tocar.

Se houvesse uma legislação que cuidasse dos interesses da população, poderíamos estar bem mais protegidos. Na revista *Info*, foi publicado que:

> O Parlamento Europeu votou em massa a favor de uma lei que criará distâncias mínimas entre antenas de celular e núcleos populacionais. A lei foi aprovada por larga maioria, 559 dos 589 deputados europeus votaram a favor. A ideia é que cientistas de universidades locais determinem qual a distância segura entre grupos de casas e apartamentos e antenas de celular. O texto aprovado prevê proteção especial para lares

de idosos e escolas que reúnam crianças com menos de dez anos. Regiões que concentram idosos e crianças pequenas devem ficar ainda mais distantes das antenas de celular.

Depois desse registro, reitero que, com minha experiência pessoal de alguns anos de trabalho e pesquisa, estou de pleno acordo com os cientistas naturalistas.

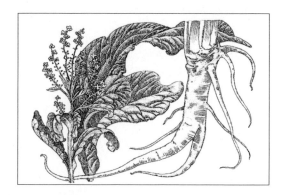

Armoracia rusticana **– Raiz-forte**

Origem: Mediterrâneo.

Características: desde o século XIII, vem sendo usada na Europa, principalmente pelos alemães, como um condimento picante, estimulante e com propriedades digestivas. Em estudos recentes, descobriram que a planta tem algumas substâncias que aumentam a resistência humana ao câncer. A raiz-forte difere do *wasabi* (usado na culinária japonesa) apenas por ter a raiz branca (enquanto o *wasabi* tem a raiz verde), mas basicamente os dois têm as mesmas propriedades. O excesso de raiz-forte, contudo, pode diminuir a atividade da tireoide.

CONTAMINAÇÃO DO SOLO

A contaminação de solos era mais comum nas áreas rurais, em função do abuso de agrotóxicos, mas, com o avanço da civilização para esses locais, foram e estão sendo construídas residências ou escritórios sem qualquer estudo do solo. Quando contaminado, afeta a saúde de todos os moradores, principalmente das crianças, que, por brincarem nos jardins, muitas vezes acabam tendo um contato mais direto com o solo contaminado.

Isso é particularmente verdade para solos poluídos com hidrocarbonetos aromáticos halogenados e/ou metais pesados. Os hidrocarbonetos poliaromáticos são capazes de penetrar nas membranas celulares e de permanecer indefinidamente no organismo. São tão tóxicos que causam danos respiratórios, gastrointestinais, dermatológicos, imunológicos, hepáticos, reprodutivos, cardiovasculares e hematológicos.

A análise do solo deveria ser feita antes de qualquer construção civil. Existem diferentes técnicas que podem ser aplicadas para a recuperação dos locais contaminados. Se a contaminação estiver em uma área pequena, por exemplo, pode-se utilizar o carvão ativado. Ele absorverá grande parte dessas substâncias químicas e poderá ser descartado posteriormente – com responsabilidade ambiental, é claro. Já se a área for muito grande, existem empresas especializadas na descontaminação ou remediação, como é comumente chamada, e englobam métodos térmicos, físico-químicos, biológicos, etc.

Um dos grandes fatores que contribuem para a poluição do solo são os desmatamentos, que causam desequilíbrios hidrogeológicos, pois a terra deixa de reter águas pluviais, em função das raízes, e abrem a possibilidade do mau uso de substâncias químicas ou tóxicas.

ONDAS DE FORMA

É muito fácil compreender que as formas geométricas dão origem a todos os elementos criados nesse universo. Segundo André de Belizal, elas emitem ondas que variam conforme sua forma – daí a origem do nome "ondas de forma".

A Natureza procura servir-se de criações com modelos mais orgânicos, mais arredondados ou com acabamentos torneados. Se fizermos, por exemplo, uma breve alusão às pontas e onde as encontramos, facilmente iremos lembrar dos espinhos, chifres, presas, farpas, garras e ferrões, que, de certa maneira, oferecem alguma configuração de risco, ou machucam, ou, em casos extremos, podem ser fatais.

O homem, então, aprendendo com esses recursos, elaborou armas e ferramentas: setas, lanças, flechas, facas, baionetas, arames farpados, agulhas, etc. Esses exemplos são bem elucidativos para visualizar que as pontas voltadas em nossa direção podem fazer mal.

Assim como o exemplo das pontas, cada forma geométrica teria, portanto, suas próprias emissões. Uma figura bastante conhecida por todos é a da pirâmide; tem gente que pratica meditação dentro dela, outros que a usam para fins curativos, para energizar a água, afiar lâminas, desidratar frutas e "múmias" (no caso dos egípcios). Na verdade, por esse motivo, não é aconselhável dormir dentro dela, pois pode desidratar os órgãos internos. Conheci algumas pessoas dedicadas ao tema "pirâmide" e que tinham sérios problemas de intestino.

As outras formas geométricas, como os cubos, cilindros, esferas, etc., também têm suas propriedades e seus cuidados. As quinas das paredes, das mesas, das escrivaninhas, por exemplo, funcionam como emissoras de ondas nocivas, também denominadas por Jean de La Foye, discípulo de A. Belizal, como ondas de morte. Segundo as pesquisas desse autor, todo objeto ou ser que tenha duas ou três dimensões visíveis emite uma frequência, uma energia, uma onda.

Imagine uma seta de energia, apontando na sua direção constantemente. São os estrepes, construídos pelo homem, que nos atormentam. Na radiestesia, podemos detectar essas ondas de forma e o seu alcance. Podemos corrigir essa anomalia das seguintes maneiras: arredondando os cantos e as quinas; utilizando vasos com plantas em frente a essas quinas; ou pendurando, diante delas, bolas de cristal ou vidros facetados, que causariam o mesmo efeito de um feixe de luz atravessando um prisma: a luz se decompõe em vários outros espectros, diminuindo a potência inicial.

O ideal é eliminar essas quinas, tanto na criação dos projetos quanto depois do espaço pronto. Trace uma linha mental e veja a direção que ela está tomando, procure sair fora desse percurso e, caso não seja possível, recorra à utilização de algumas dessas técnicas.

Por outro lado, a radiônica é a ciência que estuda os efeitos dessas ondas e dispõe de vários equipamentos para emiti-las de forma curativa. Em geral, é utilizado um sistema pulsante, que reproduz a mesma frequência de um medicamento, por exemplo. Tive várias oportunidades de trabalhar com essas máquinas, e os resultados são bem interessantes.

Outra forma muito utilizada em equipamentos eletroeletrônicos são os solenoides, formas espiraladas que são excelentes condutores elétricos e geram um campo magnético uniforme.

Podemos utilizar esses mesmos objetos de cobre sobre plantas com dificuldade de crescimento, pois o cobre é um metal condutor, a forma é um emissor e gerador de um campo magnético uniforme, e a terra é um veículo para descarregar cargas elétrica (fio-terra), então fica fácil entender o funcionamento.

São muito simples de construir, embora, mais uma vez, seja preciso ter algum entendimento de radiestesia e polaridade. No caso das plantas, os solenoides serão um impulso de força, ou melhor, uma supervitamina.

Aproveito para alertar que plaquinhas de cobre sobre a cama não trazem nada de positivo, elas oxidam e acabam emitindo uma frequência ruim. Cuidado com os objetos que dizem melhorar a vitalidade, a harmonia e a energia, pois a maioria deles não tem função. Não devemos nos iludir com pessoas que oferecem milagres. O que realmente precisamos para nossas casas e empresas vem do bom senso e da natureza.

Withania somnifera – **Ginseng indiano**
Origem: Índia, Paquistão e Sri Lanka. Características: tem sido uma importante erva na medicina indiana, conhecida como medicina aiurvédica, praticada há mais de 3.000 anos. Historicamente, a planta tem sido usada como afrodisíaco, tonificador do fígado, agente anti-inflamatório, adstringente e, mais recentemente, para o tratamento de bronquite, asma, úlceras, caquexia, insônia e demência senil.

DESIGN

Nossa preocupação, no que se refere ao *design*, é com os componentes que serão utilizados no produto final, assim como com o cuidado com todas as etapas do processo produtivo, para que nenhuma deixe resíduos tóxicos no meio do caminho.

Esse assunto tem sua importância em todas as áreas da criação, pois é difícil imaginar quem não queira um produto diferenciado, atual, estiloso e que se torne objeto de desejo. Os *designers* devem se conscientizar das coisas que criam e que eventualmente também irão usar, olhando para suas produções com uma visão socioambiental, pensando no que estão produzindo e em questões como: "Qual é o tamanho do lixo que esse produto produz? E dos resíduos que não se decompõem?", "O que estou deixando de presente para as futuras gerações?" e "Gera produtos tóxicos?".

A utilização de materiais naturais, ecológicos ou que não danificam o meio ambiente deveria ser ensinada e estimulada nas universidades.

Na Natureza, podemos dizer que tudo o que lá encontramos é absolutamente perfeito, está em equilíbrio, sem gerar detritos ou toxinas. É incrível como tudo se encaixa dentro do Círculo da Vida, que é contínuo e sempre belo, e, em cada momento do processo, um ou mais indivíduos desfrutam dessa etapa produtiva, sem desperdício, até chegar ao produto final.

Adoro o exemplo de uma árvore de cerejeira, que é mencionado no livro *Craddle to Craddle*, de Michael Braungart e William McDonough: ela embeleza a paisagem com suas flores e perfume, proporcionando uma enorme biodivesidade ao longo de seus ramos, suas folhas e suas pétalas de flores, que adubam o solo, depois vêm os frutos, que continuam alimentando diversos seres, inclusive nós – e o mais interessante: dentro do fruto vem a semente, que tem o potencial de gerar uma nova árvore de cereja. É mesmo fantástico o desempenho da Natureza. Apaixono-me só de pensar no funcionamento das coisas que já estavam aqui muito antes de nossa existência.

Recentemente, li sobre a criação de um carpete desenvolvido por um escritório de *design* na Alemanha, que é feito a partir de produtos comestíveis. Não que o tapete seja comestível, até porque nem seria muito higiênico, mas um produto geralmente sintético foi transformado em algo que poderia ser jogado no lixo orgânico. Na verdade, não conheço o produto, mas adorei a ideia.

Outro ponto importante no *design* é a função da cor. Na realidade, as cores são frequências ou comprimentos de onda, alguns visíveis e outros não, que podem reforçar a qualidade de um objeto, de uma logomarca, de uma estampa de tecido, etc., apenas por sua característica. Portanto, poderia mencionar aqui tanto o *design* de produto, da moda, como de interiores e também *design* gráfico.

De forma bastante simples, podemos entender que as cores frias são mais pacíficas e calmantes, e as quentes mais agressivas e dinâmicas. A seguir, são apresentadas algumas orientações referentes às cores espectrais (e saindo do espectro e complementando, branco, preto e marrom), que se baseiam em estudos e pesquisas sobre a atuação das cores na personalidade, na parte emocional, na vitalidade e na cura.

As cores do espectro visível

Vermelho

Indicado principalmente para aumentar a vitalidade, ideal para pessoas muito paradas, sem energia, tímidas. É impulsivo. Quando usado exageradamente, pode provocar irritação, tensão e discussão; não é indicado em locais de convívio familiar.

Laranja

Traz uma vitalidade moderada, mais equilibrada que o vermelho. Abre o apetite, por isso muitos restaurantes se valem dessa frequência. Não deve ser usada em excesso, pode causar exibicionismo.

Amarelo

Inspirador, estimula a atividade criativa, ilumina, traz alegria e vitalidade também.

Verde

Conhecido como o "curinga das cores", ajuda qualquer processo de cura e harmonização. Fica exatamente no meio do espectro, entre as chamadas cores quentes ou elétricas e as cores frias.

Azul

É considerada uma cor calmante, mas o excesso de azul pode provocar depressão.

Índigo

Um tanto misterioso, estimula a profundeza do ser, o autoconhecimento, as emoções e lamentações.

Violeta

Também relaxante, calmante, mas tem aspectos esotéricos intrínsecos. Para receber os benefícios do lilás e violeta, é necessária uma certa consciência espiritual.

Rosa
É uma cor calmante, harmônica e equilibrada, porém em excesso infantiliza ou cria possessividade.

Branco
Traz características de limpeza, pureza, higiene, claridade e amplitude.

Preto
Escurece e diminui qualquer espaço; também dá a sensação de profundidade e contemplação.

Marrom
Sensação de peso, estabilidade, estrutura e sobriedade.

***Chrysalidocarpus lutescens* – Areca**
Origem: Madagascar.
Luminosidade: semissol.
Temperatura: 18 a 24°C.
Características: é uma das mais belas palmeiras com tolerância *indoor*. Ela libera uma quantidade incrível de umidade no ar (1 litro a cada 24 horas), elimina toxinas químicas, além da beleza que nos presenteia. Tem um crescimento rápido, atingindo a altura máxima de 1,80 m. É considerada *ecofriendly*, ou seja, uma planta amiga, pois atinge as mais elevadas pontuações na remoção de vapores químicos de todos os tipos, na facilidade de crescimento e manutenção, na resistência a insetos e parasitas e na taxa de transpiração.

DECORAÇÃO

É um detalhe muito particular e o gosto de cada um não pode ser julgado ou criticado. Da minha parte, tenho um padrão bastante flexível e procuro entender, antes de tudo, a personalidade, a forma de trabalhar ou o estilo de vida de cada indivíduo.

Minha maior preocupação, nesses casos, são os excessos de objetos, móveis, livros, sapatos, bonecas, papéis, roupas, bagunça, etc., ou obsessões como elefantes, bolinhas, sapos, caixas, patos, entre outros.

As casas muito minimalistas, por outro lado, são sem personalidade e não deixam de ser espaços com excesso de vazio.

Existem lugares que adotam uma única cor, tornando-se monocromáticos, e isso também não é nada saudável – imagine sairmos nas ruas e todas as pessoas estarem vestidas com a mesma cor, as casas no mesmo tom, os pássaros, as borboletas, os carros, o céu, as plantas... Enfim, acredito que acabaríamos depressivos. É importante lembrarmos que cada cor emite uma frequência e todas são necessárias, como comentado anteriormente.

A cromoterapia é uma ciência aceita pela Organização Mundial da Saúde (OMS) desde 1976, e o importante nessa terapia não é a cor em si, mas a frequência que ela impõe. Repetindo rapidamente, o laranja aumenta o apetite, o azul esfria, o verde é calmante, o amarelo traz alegria e o vermelho estimula; se algum dia você estiver zangado(a), não use vermelho, pois vai acabar brigando com todo mundo. Enfim, escolha com cautela a melhor cor ou frequência que você quer ter por perto.

Animais empalhados, tapetes de animais e dentes de elefante, mesmo sendo raros (já vi alguns), trazem uma energia de morte, dor e sofrimento – e quem quer ter isso em casa?

As máscaras ritualísticas, por sua vez, foram criadas com um determinado propósito, têm uma energia própria e possivelmente não adequada para o nosso convívio.

Na minha opinião, tenho um princípio básico, muito próprio: coisas do mar ficam no mar, e as do ar, no ar.

Pássaros são um assunto que me entristece bastante, pois não posso compreender como ainda há pessoas que os colocam em gaiolas. É como um animal de circo, algo absurdo e desumano. Sobre aquela conversa de que o pássaro vai morrer se abrirmos as gaiolas, sou da opinião de que algumas horas de liberdade valem uma vida. E eles, ao meu entender, já estão mortos de tanta tristeza. Penso que deveria ser proibida a comercialização dessas criaturinhas; não existe nada mais lindo do que os ver soltos, decorando a natureza. Deixo aqui o meu apelo.

Depois de ter tido a oportunidade de entrar em milhares de residências, escritórios, fábricas, fazendas e até terrenos, ver alguns extremamente organizados e outros abandonados, cabe uma conclusão: os lugares são como os animais domésticos, exatamente o reflexo de seus donos.

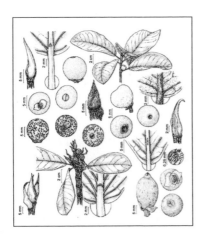

Ficus robusta – **Ficus-elástico**

Origem: Índia.

Luminosidade: semissol ou semissombra.

Temperatura: 16 a 27°C.

Características: essa planta, que tem crescimento fácil, é especializada em retirar vapores de formaldeídos do ar (90%), além de outras toxinas. Pode atingir até 2,5 m de altura. Popular entre os arquitetos e decoradores por sua beleza e facilidade de manutenção.

5

O MUNDO SECRETO DAS PLANTAS

Na década de 1970, li um livro escrito por Peter Tompkins e Christopher Bird, cujo título era *The secret life of plants* (em português, *O mundo secreto das plantas*). Na época, era ainda muito jovem para entender os métodos e experimentos que eles fizeram em laboratórios; mesmo assim, fiquei fascinada.

Na maioria das práticas, eles colocavam sensores muito sensíveis nas plantas (como detectores de mentira) e faziam registros das coisas mais incríveis que se pudesse imaginar sobre elas. Verdades ou não? Bem, a conclusão final era que as plantas tinham não só sensibilidade, mas um tipo de entendimento, para não dizer raciocínio. Foi mais uma quebra de paradigma. De qualquer forma, o livro é muito interessante e inspirador.

Por outro lado, *How to grow fresh air* (*Como produzir ar fresco*), escrito pelo Dr. B. C. Wolverton, e *Plants: why you can't live without* (*Plantas, por que não podemos viver sem elas*), do mesmo autor em parceria com Kozaburo Takenaka, mostram estudos sérios, coligados ao John C. Stennis Space Center da Nasa, que descobriram, por meio de testes feitos em câmaras seladas, que as estufas de plantas podiam purificar e revitalizar o ar completamente.

Esses estudos surgiram em decorrência da preocupação de como manter as cápsulas dos astronautas com uma boa qualidade de ar e foram realizados com base na observação de como o planeta Terra, que não deixa de ser uma espécie de nave blindada vagando no Universo, consegue purificar o ar de vapores tóxicos, oxigenar e manter esse ar em condições adequadas para os seres vivos. A conclusão dos cientistas, foi unânime: por meio das plantas.

Essas pesquisas serviram para trazer aos dias de hoje a Green Revolution, ou Revolução Verde, que valoriza a relação entre o habitar, o trabalhar e a saúde.

Sábio é o arquiteto que coloca em seus projetos bolsões verdes, áreas verdes, paredes verdes, telhados verdes e áreas de pavimentação verdes – só para reforçar, "verdes" aqui significa "provenientes de plantas naturais". Enfim, os benefícios das plantas sobre nós são incontáveis.

Tive a infelicidade de ter um cliente que eliminou essas áreas de meu projeto, simplesmente porque queria colocar mais mesas de trabalho dentro de um determinado espaço; o que ele não conseguiu compreender é que uma pessoa saudável, bem-humorada e com vitalidade produz cinco vezes mais do que uma pessoa doente, mal-humorada e "sem gás".

Vários escritórios no Japão têm a prática de cultivar plantas internamente e existe um revezamento entre os funcionários no trato e na manutenção delas, mostrando o quanto é importante o convívio do homem com a natureza. Aquele meu cliente deveria ler mais sobre o assunto.

Já o Brasil é um país que poderia tirar vantagem de sua condição climática e esbanjar vegetação por toda parte, principalmente nas grandes cidades, onde a poluição acaba com a saúde das pessoas. Sem contar o visual verde, que por si só já é desestressante – aqui, sim, falamos da frequência da cor.

Já tentei algumas vezes elaborar um projeto para transformar a periferia em "periveria". Ainda não consegui um patrocinador, mas continuo tentando. Não custa sonhar e eu não desisto facilmente. Além da falta de praças e jardins, essa gente humilde vivencia a aridez do tijolo, a dessimetria da falta de acabamento, da fiação exposta, do amontoado de casebres e barracos, onde a brisa mal circula, e é nesse visual que as pessoas crescem e moram; com certeza, acabam ficando também mais duras, mais agressivas, mais abrutalhadas em função do meio.

Se pudéssemos apenas levar as árvores às calçadas, ao mesmo tempo levaríamos as flores, talvez alguns frutos, os pássaros, as borboletas, as cores, a sombra, o frescor, uma mudança no microclima, menos poluição, mais beleza, leveza, harmonia, etc. Quanta benfeitoria com tão pouco!

Voltando aos arquitetos, além do controle da qualidade do ar interno, da umidificação natural dos ambientes e de todas as razões anteriormente citadas, podemos aproveitar a vegetação como

80

fonte de alimento, os famosos canteiros comestíveis, ou no uso de ervas como remédios caseiros, temperos e até para massagem, já adentrando a aromaterapia.

Uma vez que o segredo das plantas foi revelado, espero que ele se espalhe, alcance todo mundo, por toda parte, e seja usado e abusado de maneira indiscriminada. O resultado será sempre positivo e o ganho é para todos nós.

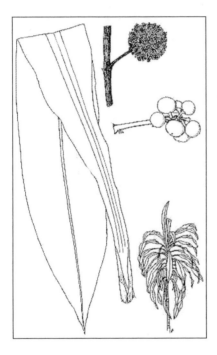

Dracaena deremensis – Dracena
Origem: Ilhas Canárias, África e Madagascar.
Luminosidade: semissombra.
Temperatura: 16 a 24°C.
Características: em geral, a dracena é muito resistente a pragas. É uma planta muito popular em escritório, por não exigir muitos cuidados e por durar muitos anos, desde que com uma manutenção adequada. Tem uma boa capacidade de eliminar os vapores químicos tóxicos (80%) e possui capacidade de transpiração de 70%.

6

ANALISANDO OS ESPAÇOS

O processo de análise dos espaços é dividido em quatro etapas distintas:

- análise radiestésica a distância, sempre utilizando o maior número possível de informações, como endereço completo, plantas, fotografias e mapas;
- observação local;
- relatório, com as devidas correções e recomendações;
- quando necessário, mais um retorno ou acompanhamento de algumas etapas de execução da obra.

Fazer uma análise a distância é extremamente importante, pois assim é possível saber o que se deve procurar, se vale a pena corrigir e se é possível corrigir.

Algumas tabelas podem auxiliar nessa primeira leitura, mas, sem sombra de dúvida, é a observação local que define a análise geobiológica.

Devemos examinar o movimento do terreno, os contornos, a saúde das plantas, se existem plantas, mosquitos, pássaros, lagos, rios, redes de alta-tensão, transformadores, lixo, enfim, pequenos detalhes que já podem traduzir muito dos aspectos vibracionais desse local; no caso de um espaço já construído, deve-se entender que existem problemas geopáticos que estão diminuindo a saúde desse ambiente, interferindo na vitalidade das pessoas que vivem ali. A observação requer treino, dedicação, paciência e cautela, como em qualquer profissão.

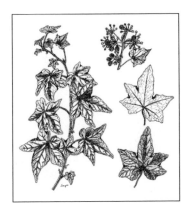

***Hedera helix* – Hera**
Origem: Ásia e Europa.
Luminosidade: semissol.
Temperatura: 16 a 21°C.
Características: existe uma grande variedade de heras, mas, em geral, elas não gostam de temperaturas muito quentes. Sendo uma trepadeira com raízes aéreas, consegue se fixar em qualquer superfície. Apesar de ser usada externamente, possui uma excelente habilidade para absorver vapores químicos (90%), em especial os formaldeídos, além de ter um bom índice de transpiração (70%).

7

ANÁLISES COMPLEMENTARES

ÁREA EXTERNA

Quando existe terra, verde, enfim, natureza, as correções são bem divertidas. As técnicas mais importantes que utilizo são a acupuntura de solo, a fixação de menires e cristais, além das plantas.

Para aquele que agrediu o terreno, cortou árvores, represou rios, eliminou fontes ou matou animais, recomendo tentar repor, de alguma forma, aquilo que destruiu, e essa compensação tem que ser nas proximidades do lugar, isto é, deve-se devolver com qualidade aquilo que afetou o meio ambiente – não se resolve o problema repondo árvores a 1.000 km de distância do local desmatado, por exemplo.

Adoraria que as pessoas trocassem o quintal pela grama ou por jardins; já mencionei os benefícios anteriormente, mas, sempre que posso, aproveito a oportunidade para repetir mais uma "vezinha", como dizem os mineiros. Então, vamos lá: absorção das águas, beleza, passatempo, terapia, relaxamento, passarinhos, joaninhas, aromas, cromias, frequências benéficas, visual, renovação (decorrente das estações), qualidade do ar, sombra, umidificação adequada, frescor e diminuição de sons e ruídos, contato com a Natureza, etc.

Os tetos verdes melhoram absolutamente a temperatura do imóvel e poderiam ser de grande valia contra a poluição do ar se fossem amplamente difundidos. Os adubos e substratos orgânicos também devem ser utilizados, uma vez que são muito mais saudáveis, principalmente para as crianças, pela proximidade ou contato que elas têm com a terra. Isso vale também para os vasos internos.

Na Cantina Antinore, no coração da Toscana, na Itália, a edificação de uma fábrica inteira foi trocada pela plantação de uva, isto é, a fábrica ficou quase totalmente escondida dentro da montanha e o visual do vilarejo de Bargino, praticamente intocado.

Voltando às técnicas de correção que são bastante pontuais, não devemos nos esquecer de que as plantas são nossa maior salvação para quase tudo.

Acupuntura de solo

Técnica de origem chinesa, na qual são utilizadas agulhas de mais ou menos 50 cm. Deve-se dar preferência às agulhas de bambu, em vez das de metal, mesmo que a durabilidade seja menor (substituir a cada 2,5 a 3 anos), porque ela acaba se incorporando rapidamente à terra, sem danos nem contaminação. Da mesma forma que utilizamos os meridianos do corpo em uma acupuntura convencional, utilizamos os meridianos da terra, que são os veios de H_2O subterrâneos e as falhas geológicas. É um trabalho lindo de se ver, principalmente porque os resultados são imediatos. As agulhas atuam na polaridade da terra, transformando o negativo em positivo.

Menires
São pedras acima de 1 metro de altura, em geral pontiagudas, colocadas em pontos estratégicos, atingindo um raio de quase 1 km e também interferindo nas emanações da terra. Elas funcionam como antenas e são usadas literalmente para emitir e receber ondas – só que, nesse caso, entre o céu e a Terra.

Quem não se lembra de Obelix, personagem da história em quadrinhos Asterix, que carrega um "menir", ou de Stonehenge, cercada dos mistérios druidas.

Pedras e cristais
São utilizados basicamente com o mesmo intuito que os menires, só que em escalas menores.

***Phoenix roebelenii* – Fênix**

Origem: África.

Luminosidade: semissol.

Temperatura: 16 a 24°C.

Características: esta palmeira atinge de 1,5 a 2,0 m de altura, embora seu crescimento seja muito lento. É uma das melhores palmeiras para remover os poluentes de ambientes *indoor*, e sua especialidade efetiva é remover xileno (família dos benzenos).

ÁREA INTERNA

Muitas pessoas já me procuraram para arrumar só o dormitório ou a sala do presidente, a garagem de um colecionador de carros, um determinado canto da cozinha ou a recepção da diretoria, como se esses lugares específicos não fizessem parte de um todo.

É impossível analisar um lado sem observar o restante. Os geobiólogos funcionam mais ou menos como os homeopatas ou praticantes da Medicina Tradicional Chinesa, que muitas vezes tratam um outro órgão, diferente do que o paciente está se queixando, porque, na realidade, é o que está gerando o sintoma.

No nosso caso, o problema mais grave pode estar na sala da secretária, e não na do presidente, e assim por diante.

Pensando nisso, os arquitetos têm um papel de suma importância nas edificações. Se eles focassem na responsabilidade que é conceber um espaço no qual as pessoas irão trabalhar, dedicar horas de suas vidas ou viver com suas famílias, criar seus filhos e buscar seus sonhos, com certeza tomariam o dobro de cuidado.

É muito sério aquilo que projetam, pois homens, mulheres, crianças, idosos e animais de estimação podem perder vitalidade, adquirir doenças crônicas, algumas sérias, ter um descontrole emocional excessivo e assim por diante. Viver bem e saudável tem que estar alinhado com o nosso projeto de vida.

O Universo é perfeito, bastaria copiarmos o que está disponível, nem precisaríamos pagar pelo *know-how*. Se ao menos os projetos dos espaços tivessem o cálculo da proporção áurica, já eliminaríamos todas as interferências telúricas e teríamos que nos preocupar somente com as interferências criadas pelo homem – que também não são poucas; mas algumas delas, durante o processo criativo, podem ser controladas, como o excesso de cargas eletromagnéticas, a claridade natural, a circulação de ar, etc.

A maioria das geopatias foi citada anteriormente; por isso, neste capítulo, será dada mais ênfase a outros detalhes, que também devem ser percebidos. Isso não significa que as influências geológicas serão esquecidas; muito pelo contrário, serão analisadas comitantemente com os demais aspectos. Muitas vezes, é essa somatória de elementos que gera uma instabilidade no ambiente.

Relembrando que o foco do meu trabalho é a salubridade, as instalações elétricas são, sem dúvida, um dos fatores criados pelo homem que mais causam grandes distúrbios em nossa saúde.

Devemos tomar cuidado com o cabeamento, com a distribuição da energia por todos os recintos e com o aterramento dos fios. Ainda preferimos o fio do que a rede *Wi-Fi*. Na França, por exemplo, foram desligadas as redes *Wi-Fi* das repartições públicas, e nas faculdades e escolas do Canadá também.

Os disjuntores sob demanda são ideais para baixar o consumo da carga elétrica para quase zero (6 V), sendo acionados apenas quando realmente há necessidade. Os quadros de força, por sua vez, assim como as cabines primárias, deveriam ficar fora do corpo do edifício.

O ideal é utilizarmos a técnica em forma de estrela para a disposição dos fios, uma vez que a forma ponto a ponto acaba criando um efeito de bobina ou solenoide, alterando o campo eletromagnético natural da terra.

Outro ponto importante, já que estamos tratando do assunto, são os interruptores, cujo bloqueio da luz deve ser feito sempre no fio fase, e não no neutro. A diferença é que, se for feito no fio neutro, a eletricidade continua circulando no fio fase por todo o ambiente.

Nos prédios, tenho visto barbaridades, como quadros de força no *hall* de entrada do apartamento ou escritório criando, logo de cara, uma barreira invisível e insalubre de carga eletromagnética.

Para quem não sabe, um cabo gera um campo eletromagnético de pelo menos 40 cm, e esse dado é muito importante para distanciarmos o local em que dormimos ou aquele em que dispomos nossas mesas de trabalho.

As varetas de aterramento devem ficar de certa forma longe do edifício e de fácil acesso, uma vez que o cobre oxida e deve ser trocado e, obviamente, colocado fora de um ponto geopático, evitando que essa energia volte à construção como falhas, rios subterrâneos, etc.

Quando um edifício tem vigas de metal, devemos fazer um aterramento próprio em cada uma delas. As colunas de metal, em contato com a eletricidade, igualam os campos elétricos na parte superior e inferior, o que não acontece na natureza, pois existe essa diferença de potencial, e o nosso organismo foi projetado para isso. No Brasil, ainda são caras as fibras de carbono, mas as colunas feitas desse material seriam as ideais.

Se houver necessidade de impermeabilização, deve-se deixar um espaço de ar entre o barranco e a parede, fazendo uma fundação com 0,5 m de pedra ou concreto puro antes de subir a parede.

O mobiliário, em todos os aposentos, deve ser saudável e ergonômico. A casa deve ser totalmente adaptada aos moradores, como a altura da mesa, da pia e das cadeiras, porque cada pessoa tem uma característica física ou necessidade diferente.

A luz natural é um fator primordial. O ideal é que ela represente de 70 a 80% da claridade dos ambientes no período da manhã. Sabemos que a luz do sol sintetiza a vitamina D, a seratonina e outros hormônios do nosso bem-estar.

Contemplar as áreas verdes pode fazer toda a diferença para as pessoas que ali convivem e, em geral, traz paz e tranquilidade interior. Quanto maior a ventilação e a aeração, menores serão os elementos contaminantes.

O contato com a Natureza faz o mesmo papel; por isso, reitero a importância do uso e do abuso das plantas verdadeiras também internamente. Como já visto, elas melhoram a qualidade do ar, controlam a umidade, absorvem toxinas e cargas elétricas, aumentam o nível biótico e embelezam. Além disso, produzem aromas que atuam diretamente no sistema límbico. O verde tranquiliza, pois sua frequência entra como modulador das ondas cerebrais; algumas empresas até colocam pequenos ventiladores nas raízes para fazer o ar circular.

Sabe-se que uma planta média é responsável pela produção de oxigênio em uma área de 3 m³; assim, uma empresa com 30 pessoas, precisa ter 10 vasos na sala.

Recentemente, tive um cliente que decidiu fazer o teto revestido de metal, que, aliás, já estava comprado; fiquei desesperada, mas consegui convencê-lo a mudar de ideia. Um material escuro, em um local com o pé direito baixo e inúmeros pontos de luz? Em contrapartida, poderia dizer que esse local seria perfeito para o personagem Magneto, da série *X-Men*.

Em caso de apartamentos, as lajes devem ser duplas, para um bom conforto acústico, e as paredes internas também devem ter algum tipo de isolamento, e os motores, longe dos espaços de dormir. Podemos recorrer às sapatas de borracha para geladeiras e para outros motores que vibrem alto.

Se alguém então afirmar que criar um espaço saudável dá mais trabalho, a resposta correta seria: "claro que sim, da mesma forma que um animalzinho de estimação, comparado com um bichinho de pelúcia. Mas qual é mais prazeroso?".

Portanto, voltando ao tema inicial, iremos caminhar dentro de vários ambientes, nos quais criei dois atalhos, um que leva às residências e outro às empresas.

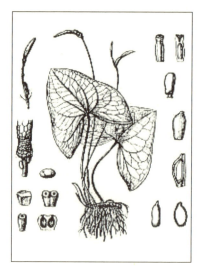

Syngonium podophyllum – Singônio

Origem: América Central.

Luminosidade: semissol ou sombra.

Temperatura: 16 a 24°C.

Características: é uma planta muito atrativa, por sua baixa manutenção e alta resistência a pragas. Apesar de não ter uma capacidade muito grande na absorção de vapores químicos (40%), tem um ótimo poder de transpiração (70%). Adora umidade; borrifar suas folhas com água constantemente mantém a sua aparência exuberante.

RESIDÊNCIA

O principal objetivo em uma residência é ampliar o convívio familiar. Cada vez mais, as famílias têm se dispersado; os quartos acabam sendo tão completos que suprem todas as necessidades dos moradores, que, portanto, acabam experimentando individualidade e solidão – nada saudáveis para o âmbito familiar.

Chamamos isso de efeito fractal, ou seja, uma casinha ou várias casinhas dentro da casa principal. O conceito está errado; por isso, a arquitetura moderna procura criar uma área comum de trabalho ou lazer para que as pessoas ao menos se cruzem e se vejam de vez em quando.

Por sua vez, o mobiliário em todos os aposentos deve ser saudável e ergonômico.

Porta de entrada e *hall*

Em todos os meus relatórios, faço questão de informar que a porta de entrada é a ponte que nos liga entre os dois mundos: o mundo exterior e nosso mundo particular. Essa conexão tem que ser muito agradável e, de preferência, nos fazer sorrir, passar uma sensação de contentamento e prazer; afinal, a nossa casa é o nosso templo, o nosso lugar de descanso, de relaxamento, de recuperação de energia e força.

Cores, aromas, enfeites, plantas, iluminação, espelhos e vasos fazem parte desse visual – é claro que se utilizados de forma equilibrada, e não necessariamente todos no mesmo lugar.

Cores claras nas paredes, principalmente o branco, ampliam espaços, e obviamente as escuras sempre diminuem. Os *halls* de entrada de apartamentos costumam ser muito pequenos; por isso, a combinação de cores claras e espelhos ajuda bastante a dobrar o visual.

As guirlandas de flores ou frutas, ou simplesmente flores, têm um significado muito especial: dizer boas-vindas e que os moradores daquele lar estão felizes em recebê-los e oferecem a você esse presente. Funciona como uma leitura subliminar, inclusive para nós mesmos, ao retornarmos para casa.

A luz natural ou artificial deve ser bem controlada, de preferência na faixa de 800 *lux*, o que, na verdade, como citado anteriomente, vale para a casa inteira – escurinho, só na boate.

Podemos utilizar algum objeto de proteção na entrada, como Espírito Santo, Olho de Avestruz, Crucifixo, Mezuzah, Turmalina Negra, Jesus Místico, etc., também colocados com a máxima discrição, pois ninguém precisa saber o seu grau de religiosidade.

Algumas pessoas têm um verdadeiro ofertório de santos, deuses, sal grosso, pimenta, figas e patuás bem à mostra, mas esse exagero não traz nenhum aspecto positivo.

É importante manter esse espaço bem livre, a fim de facilitar a circulação o máximo possível, já que é um ponto que, em algum momento, pode ficar congestionado, pois tudo se concentra em uma única via de acesso.

Living

O *living* foi feito para ser usado; a tradução do inglês, ao pé da letra, é "viver", "vida", "viva". A maioria das pessoas tem esse espaço exclusivamente para visitas, em geral esporádicas, e jamais usufruem dessa área, ainda que na maioria das vezes, seja o lugar mais bonito e agradável da casa. Esse local é para o convívio e o desfrute de todos os moradores e deve ser aproveitado ao máximo.

Nele a circulação é fundamental. Tenho insistido nesse aspecto da **circulação** principalmente pela movimentação física, ou seja, a facilidade de locomoção sem esbarrar, bater ou quebrar objetos. Temos que circular confortavelmente nos ambientes. Segundo os profissionais de *feng shui*, é importante que o *chi* (energia vital) tenha um fluxo suave, natural e constante em todas as partes da casa. As pessoas têm que caminhar, entrar e sair por entre sofás e poltronas com facilidade.

Os objetos em excesso, além de dificultar a limpeza, criam poluição visual, provocando cansaço mental. No mundo da tecnologia, a carga de informações é absurda, nosso cérebro precisa relaxar e é em casa que encontramos essa oportunidade.

No *living*, podemos criar várias atmosferas de bem-estar e relaxamento. Um exemplo seria uma lareira acesa no inverno, pois podemos ficar horas observando o fogo. Enquanto a mente descansa, o corpo se restabelece, e, nesse caso, quem precisa de meditação? O efeito é o mesmo.

Cuidado com objetos comprados em antiquários, ou aqueles herdados da tataravó; a mesma coisa com esculturas, quadros, cerâmicas ou objetos disformes, distorcidos – eles precisam ser avaliados em função dos aspectos vibracionais. Quinas, colunas e ângulos fortes, como vimos anteriormente, demandam correções bastante simples e, quando necessário, elas devem ser feitas.

A aeração, a claridade, a iluminação natural, a decoração, as cores e o equilíbrio das formas são fatores que devem ser amplamente valorizados.

Quartos

Os quartos devem ser o mais *clean* possível, com o menor número de equipamentos eletrônicos. Em todos os meus relatórios, descrevo o quarto como sendo o nosso templo particular, o local onde recuperamos nossa energia. Nesse caso, na hora de dormir, a ausência de luz tem que ser total, a fim de aprofundar o nível do sono – estágio em que a melatonina é produzida. O escurinho permite que o organismo produza o hormônio do crescimento e a diminuição da obesidade, do estresse e da irritabilidade, além de um bom desempenho no ritmo circadiano.

O ritmo circadiano ou ciclo circadiano é o período de aproximadamente um dia (24 horas) sobre o qual se baseia todo o ciclo biológico do corpo humano influenciado pela luz solar. O "relógio" que monitora todos esses processos está em uma área cerebral denominada núcleo supraquiasmático, localizado no hipotálamo na base do cérebro. Por isso, a qualidade do sono é tão importante.

O assoalho do quarto deve ser, de preferência, de madeira; os de mármore, pedra ou cerâmica podem ser muito frios em algumas épocas do ano, embora na praia sejam a escolha perfeita. Pisos de bambu ou madeira reciclada são indicados. Evite carpetes, cortinas pesadas e tecido nas paredes. Para quem é alérgico, esse é um problema sério e, nesse caso, não apenas por causa da poeira ou da alergia, mas de um acúmulo de ácaros, bactérias, eletricidade estática, etc. – obviamente, a limpeza estará sempre comprometida. **

O carpete tem um outro problema que me incomoda muito: tira a reflexão natural da luz. As diferenças de luz e sombra são importantes para o nosso cérebro, que foi treinado para isso; essas ausências, portanto, criam sempre um descontentamento inconsciente.

** N.A.: Você sabia que eliminamos a eletricidade estática somente após um banho ou colocando os pés descalços na terra?

O criado-mudo não é depósito de remédios, livros, revistas e controles remotos. Ele precisa ter menos peso; por isso, mantenha-o leve, limpo e arejado. Evite o uso de equipamentos elétricos próximo da cama, muito menos o celular.

Escolha um colchão adequado; particularmente gosto dos de látex, pois são naturais e não têm molas de metais. O metal é um ótimo condutor elétrico, tudo o que queremos evitar – e o mesmo vale para as cabeceiras da cama –, e podem também causar uma aceleração dos elétrons por causa da forma helicoidal.

As cores devem ser suaves e repousantes, mas o excesso de azul pode causar depressão. O silêncio é imprescindível, e o uso de aromas de óleos essenciais pode ajudar as pessoas que têm dificuldade para dormir – as lavandas são maravilhosas, assim como as maçãs, pois têm um efeito calmante e sonífero, quando colocadas abertas ao lado da cabeceira.

Utilize lençóis de fibras de algodão. Escolha suas camisolas e seus pijamas da mesma maneira, 100% algodão ou seda (não sintética). Melhor ainda seria não usar nada – o Brasil nos permite essa delícia.

Cuidado com o ar-condicionado. É um item proibido na minha casa; reconheço que sou um pouco radical, mas a sabedoria da construção está em usar técnicas para a ventilação natural, e aí o problema está resolvido. Se esse não for o seu caso, faça limpezas mensais nos filtros, mantenha a umidade e a temperatura correta do ar – não pense que você mora no Polo Norte, porque o seu organismo não foi adaptado para isso. Há cerca de cinco anos, foi apresentado, no Congresso dos Pneumologistas em Curitiba, um estudo médico que conclui que o ar-condicionado pode causar problemas respiratórios graves.

Existe um mito de que não podemos ter plantas no quarto, mas ele não é procedente. Segundo o professor dr. Rubim Almeida, do Departamento de Biologia da Faculdade de Ciências da Universidade do Porto, as plantas, assim como os animais, respiram e, portanto, queimam oxigênio; por outro lado, realizam fotossíntese e absorvem dióxido de carbono emitindo oxigênio no ar. Durante a noite, obviamente, elas não fazem fotossíntese, mas duas pessoas dormindo no mesmo quarto, por exemplo, liberam muito mais dióxido de carbono do que as plantas.

Adoro acordar com a luz do sol. Quando tenho oportunidade, deixo as persianas abertas, principalmente quando estou no interior, mas isso é um costume particular meu. O ideal é que o corpo acorde suave e lentamente; o susto de um despertador barulhento causa um enorme estresse na hora de levantar e que, com certeza, permanecerá em seu subconsciente o dia todo, inclusive à noite, na hora de dormir, porque sua mente já saberá que, no dia seguinte, vai levar um outro susto.

Os despertadores que repetem a sequência e aumentam devagarinho o som são os mais indicados; existem outros que emitem sons de sinos chineses bem suaves. A diferença no corpo é notória. No despertar, todo ser vivo tem o seu próprio tempo e que deveria ser quase voluntariamente. Podemos observar e imitar os animais, que se espreguiçam e se torcem, fazem pequenos movimentos e bocejam.

Por fim, no cuidado com os quartos, também devemos incluir os dos funcionários. Como disse anteriormente, a casa existe como um todo; não adianta ser maravilhosa, organizada, harmônica e ter uma dependência de empregados insalubre – o que, para minha indignação, é comum.

Os funcionários precisam de qualidade de sono para continuarem com um bom desempenho no dia seguinte; mais do que isso, eu não me sentiria bem estando superacomodada e confortável, enquanto alguém dentro da minha casa está dormindo quase em pé, em um lugar com umidade, cheiro de mofo, escuro e sem ventilação. Para os meus princípios e conceitos, isso é inaceitável.

Cozinha

Na filosofia chinesa, este é o lugar mais importante da casa – e, pensando bem, isso faz bastante sentido, pois é o centro gerador de alimento, fonte indispensável de vida e prazer.

Nas famílias italianas, tudo gira em torno da cozinha e da comida. A preparação do *cappelletti* de Natal, em nossa casa, era feito pelas mulheres e cada uma tinha uma função. Nós – na época, as meninas – dobrávamos o chapeuzinho, que é o formato da massa, e achávamos aquilo tudo tão divertido! Minha mãe sempre era a mais rápida; a função dela era colocar o recheio e cortar o *cappelletti*, e eu ficava admirada como ela conseguia fazer aquilo de forma tão ligeira e sempre rindo, feliz, cantando.

A minha avó adorava ouvir piadas enquanto estávamos na cozinha. Podia ser qualquer uma, e mesmo contando umas dez vezes a mesma, ela sempre achava a maior graça. Era uma mulher doce e boa demais.

Tudo acontecia literalmente na cozinha. A energia era tão maravilhosa que todo mundo acabava ficando por lá; só se via um entra e sai, um experimenta um pedaço disso e daquilo, um "me dá

licença" e outro que empurra e, de repente, alguém emitia um som espontaneamente: "Hummm, que delícia!". O sabor da comida era imbatível e o aroma, só de lembrar, me dá água na boca.

Bom, saindo desse túnel do tempo, concordo com os chineses. Acredito que precisamos transformar nossas cozinhas em um ponto feliz da casa, com frutas visíveis, para serem degustadas, e, de preferência, longe de equipamentos elétricos, pois eles promovem a deterioração das propriedades nutritivas dos alimentos.

A cozinha precisa ser bem arejada, a claridade natural é importante e, se for necessária alguma luz artificial, que seja exuberante. Quem come com tranquilidade no escuro? Será que dá para ver o mosquito na salada? O cabelo no meio do *risotto*? A rolha que pulou da garrafa de vinho sobre o bife à *parmiggiana*?

O micro-ondas deve ser pouco usado, ou quase nunca, e ao ligá-lo, fique bem longe desse equipamento. Que eu saiba, ninguém faz a manutenção adequada do aparelho, nem verifica se existe algum tipo de vazamento das micro-ondas.

Quando a comida estiver pronta, espere dois minutos para comer, pois as moléculas ainda estarão vibrando, em processo de aquecimento.

Uma dica do *feng shui* é colocar um espelho atrás do fogão para ampliar a chama, trazendo mais prosperidade, e, no Baguá, o melhor lugar da cozinha é na área da Fama e tem a cor vermelha. Gosto de brincar com essa simbologia e utilizo pimentas na decoração.

Banheiros

Como é bem sabido, o banheiro é o local de drenagem de uma casa, tanto da água quanto do esgoto; portanto, com essa característica, manter as portas e o tampo do vaso fechado, além de tudo, seria esteticamente correto, pois o banheiro não deve ficar exposto.

Na arquitetura moderna, existe uma reutilização das águas, que são direcionadas ao esgoto dos banheiros.

Como dito anteriormente, os encanamentos não devem passar próximos às paredes que ficam perto das cabeceiras das camas ou diretamente abaixo delas. Assim como os rios subterrâneos, elas causam diminuição e alteração no campo vital das pessoas, além de sons, ruídos e até mesmo vibrações que porventura afetarão o sono.

Área de serviço

Para esta parte da casa, a orientação é muito simples: aeração e muita iluminação natural.

Escadas

De modo geral, as escadas são problemáticas, tanto para quem projeta, quanto para quem as constrói e utiliza. O degrau ora é curto demais, longo demais, alto demais ou estreito demais; enfim, tudo pode ser uma dificuldade.

Parece simples, mas é bem complicado chegar de um pavimento a outro sem um bom cálculo matemático.

A subida deve ser confortável e segura. Por si só, a escada já é uma questão importante; outros aspectos que devem ser levados em conta são a localização e a forma.

Deve-se evitar que elas fiquem direcionadas para a porta de entrada. Podemos imaginar uma cobra em movimento, proporcionar descobertas lentas, fazer com que a expectativa aumente e, aos poucos, ter a visão final revelada. Esse é um poderoso fator de encantamento.

As escadas devem ser largas, claras e iluminadas (até por claraboias, se for preciso) e ter degraus antiderrapantes ou de madeira rústica (de preferência, reciclada).

As escadas vazadas são mais leves e oferecem a oportunidade de colocarmos plantas sob elas. Seu aspecto geométrico produz uma onda de forma bem nociva e, para agravar o problema, em uma área que em geral é estagnada. As plantas, nesse caso, preenchem o vazio, trazendo vida. Outro agravante é que praticamente todas as pessoas resolvem aproveitar esses buracos, que são transformados em maleiros, adegas, miniescritórios, quartinhos de brincar, depósitos, etc.

Tive a oportunidade de analisar casas em que há anos não se abriam a porta debaixo da escada. O ar não circula e as "ondas de forma" são intensas, propiciando interferências geopáticas maléficas ao bem-estar dos moradores. Se tivermos a oportunidade de fechar a parte de baixo da escada com um formato arredondado, até mesmo um pano, como tenda, já quebramos a emissão de ondas, mas, se esse lugar fosse aberto, seria ainda melhor.

Para quem é desastrado como eu, um lembrete amigo: jamais desça ou suba uma escada com as mãos nos bolsos ou ocupadas com algum objeto; tenha sempre uma mão livre, pronta para agarrar o corrimão (item importante), caso a queda ou o tropeção seja inevitável.

Brassaia actinophylla – Cheflera
Origem: Austrália, Java, Nova Zelândia.
Luminosidade: semissombra.
Temperatura: 18 a 24°C.
Características: pode atingir até 3,1 m de altura, quando plantada diretamente no solo, mas existem espécies menores que chegam a, no máximo, 1,5 m em locais *indoor*. Tem um poder de 80% na eliminação de vapores químicos e uma taxa de respiração de 70%. É uma planta excelente para os novatos na jardinagem, pois fica exuberante e cresce rapidamente. Exige cuidados com pragas.

EMPRESAS
Recepção

A recepção é a imagem da empresa, e é nesse ponto que sabemos exatamente com quem estamos lidando. Se queremos conquistar nossos visitantes, devemos começar pela porta de entrada.

O ideal é que essa recepção esteja sempre bem decorada, com poltronas modernas, confortáveis e novas; revistas atualizadas, de preferência especializadas na área dessa empresa; muita claridade, com o ar fresco e agradável; e um funcionário educado, discreto e sorridente recepcionando os clientes e fornecedores.

Não vale a pena perder tempo descrevendo o que encontro por aí – e é essa a imagem que as empresas passam não só para mim, mas para todo mundo que tem uma leve percepção de boa qualidade.

Uma empresa deve cuidar de sua imagem e compará-la com a de seus concorrentes. No local de trabalho, precisamos ser mais discretos do que em casa em relação à religiosidade, por exemplo. Lidamos com clientes e funcionários de todas as etnias e religiões, e temos por obrigação respeitá-los. Por isso, não se deve exagerar nos santos e oferendas que costumam adornar recepções – existem locais próprios para isso.

A utilização de aromas nos Estados Unidos é praticamente um hábito. Existem pessoas especializadas no assunto que desenvolvem perfumes de óleos essenciais naturais específicos. Li alguns artigos americanos bem interessantes sobre aromaterapia que atuam, por exemplo, com mudanças de fluxo (circulação) dentro de *shopping centers*, aumento de pessoas/m^2 em cassinos, maior consumo de pães em um hipermercado, entre outros, e os resultados são verdadeiramente surpreendentes. São realizadas muitas pesquisas sérias sobre o tema e as formas de se alcançar as pessoas – algumas lojas, por exemplo, são reconhecidas por seu aroma.

Em uma recepção, a aromaterapia pode ser também uma boa aliada. Além disso, a organização e a limpeza são aspectos importantes e que merecem atenção. Lembre-se: um ambiente organizado e limpo é um ótimo cartão de visitas.

Main office

Não importa se este espaço é de uma multinacional ou de um escritório de advocacia minúsculo; as observações aqui servem para ambos os casos.

A carga elétrica indiscutivelmente é o primeiro problema a ser observado. Os fios que conectam todos os equipamentos costumam circular sem controle por toda parte e deveriam estar dispostos dentro de canaletas de madeira ou cortiça, a fim de diminuir o impacto da carga eletromagnética. As drusas de ametista podem ajudar na organização das ondas elétricas emitidas pelos equipamentos eletro-eletrônicos. Os cristais são usados nas ponteiras de *laser*, para tratamentos dermatológicos, com a mesma função.

Na sequência, analisamos a disposição das mesas ou baias e, entre elas, a solução para grande parte dos problemas: estações ou bolsões, como preferir chamar, de plantas verdadeiras.

Removendo algumas mesas de trabalho e melhorando simplesmente a qualidade do ar, teremos um aumento de produtividade das demais pessoas, porque uma melhor oxigenação faz com que os órgãos também funcionem melhor, e os funcionários com certeza terão mais disposição, melhora de humor e diminuição da irritação, e o ambiente ganha como um todo.

As empresas que têm jardins dentro da instituição e adotam o sistema de rodízio entre os empregados no cuidado das plantas sabem que esse é um maravilhoso exercício antiestresse.

As impressoras ou copiadoras devem ficar bem longe das mesas de trabalho; é uma forma de fazer o empregado se levantar e se movimentar. Com relação aos computadores, a altura do monitor deve estar abaixo do horizonte visual, pois os olhos devem permanecer ligeiramente fechados, para evitar ressecamento ou ulcerações da córnea.

Os locais para descanso ou café têm que ser agradáveis, a ponto de proporcionar um minuto real de descanso e, em alguns casos, uma integração entre os funcionários de outras áreas. Quando possível, uma mesinha alta pode servir para pequenas reuniões.

A limpeza do sistema de ar-condicionado deve ser prioridade absoluta, já que ele está presente em quase 100% das empresas. Hoje, existe uma tendência dos arquitetos focados em sustentabilidade na criação dos *green buildings*, que objetivam aproveitar a circulação e a ventilação natural do ar para manter uma temperatura agradável. Contudo, enquanto a sua empresa não estiver modificada e adaptada para esse tipo de construção, não se deve economizar na manutenção dos equipamentos.

As janelas blindadas deveriam ser banidas, pois o ar precisa ser renovado. Nessas condições, as plantas são obrigatórias e praticamente devemos criar uma Floresta Amazônica dentro do escritório.

Os carpetes de tecido sintético devem ser evitados; assoalhos de borracha ou carpetes de madeira, por sua vez, podem ser uma ótima solução. As cadeiras devem ser ergonômicas e confortáveis, e as pernas devem formar um ângulo de 90° apoiados sobre uma banqueta com 5 a 15° do nível do chão, para não prejudicar a circulação.

Devemos nos lembrar, mais uma vez, que falhas geológicas, cruzamentos patogênicos e rios subterrâneos devem ser localizados e tratados, pois também causam uma perda de vitalidade importante e, consequentemente, falta de produtividade.

As lâmpadas frias acompanhadas de seus reatores são muito prejudiciais à saúde, além de estarem totalmente fora de moda. Quando o pé direito é baixo, pior ainda. Aliás, a iluminação é um ponto com o qual se deve ter muito cuidado; a luz artificial deve estar sempre posicionada atrás dos monitores, para uma melhor visualização da tela, e ficar na faixa de 600 *lux*; o excesso ou a escassez de luz também são prejudiciais de alguma forma.

A presença dos diretores em um contato direto, ou seja, no mesmo ambiente que sua equipe, é bem mais produtiva, eficiente e imediata. Não sou favorável ao isolamento da diretoria ou da presidência e muito menos à barreira de secretárias que têm o poder de decidir quem vai falar com eles. Por mim, teria que funcionar como na época de Alexandre, o Grande: os líderes deveriam estar à frente das batalhas, e não escondidos em um local de difícil acesso, onde a maioria das pessoas nunca vê o rosto desses personagens.

Área fabril
Organização e limpeza são a tônica deste espaço. Os maquinários devem ter as suas instalações elétricas bem aterradas. As vigas do telhado criam uma "onda de forma", podendo ser evitadas na distribuição das máquinas e pessoas, de modo a posicioná-las para que não fiquem sob esses pontos.

Os funcionários deveriam ter sempre intervalos para sair ao ar livre e ver um pouco de verde, pois a concentração e os movimentos repetitivos acabam sendo muito exaustivos. É so lembrar do filme de Charles Chaplin, *Tempos modernos* (1936), que faz uma sátira, já naquela época, aos seres que nos tornamos.

Nas indústrias, sou favorável à ginástica laboral. A maioria dos funcionários da área produtiva não tem acesso a nenhum tipo de compensação física, e esses exercícios acabam trazendo um certo relaxamento. A regra é básica: quanto mais agradável o local de trabalho, mais produtivo o funcionário será.

Escadas

Basicamente, os pontos são os mesmos para as escadas residenciais, só que nas empresas ainda existe a possibilidade de a parte debaixo da escada ser usada para a instalação do sistema eletrônico de computação e rede *Wi-Fi*. Nessa altura, creio que seja perceptível o quanto isso é ruim. "Ondas de forma", ar parado, carga eletromagnética, micro-ondas... Um potencializa o outro de maneira extremamente negativa.

Por outro lado, uma escada pode ser um ponto de destaque no ambiente. Conheci, na Cantina Antinori de Bargino, na Itália, o projeto de uma escada que, de tão bela e perfeita na forma, se tornou uma obra de arte.

Aliás, a Cantina, por si só, é uma das criações de arquitetura mais impressionantes que tive a oportunidade de analisar, pela ousadia, pelo inusitado, pela simplicidade e grandiosidade, pela forma, pela utilização de materiais nativos, enfim, um verdadeiro espetáculo de criação que vale a pena ser visitado. A seguir, reproduzo um trecho de minha avaliação dessa escada.

A escada da Cantina Antinori – 10.000 Ångströms

Esta obra de arte deve ser analisada à parte, pois sua forma nada mais é do que a reprodução do movimento cósmico em "espiral", unindo as forças da Terra com as do Universo e vice-versa. Podemos observar essa dinâmica não só no Macrocosmo, como também no Microcosmo, por exemplo na cadeia de DNA.

Com base em dois triângulos idênticos e invertidos, o criador ainda acrescenta à estrutura a energia das formas geométricas, que são as geradoras da vida em nosso Universo.

Essa escada tem um efeito hipnotizador sobre as pessoas, o que se comprova pelo alto número encontrado na Tabela Bovi (criada por esse cientista e amplamente utilizada por radiestesistas, orienta o valor numérico energético de determinados objetos, seres vivos ou ambientes). Seus formato e beleza são indescritíveis, e o caminhar sobre ela traz um efeito reparador e calmante.

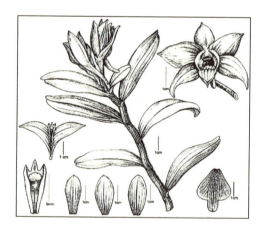

***Dendrobium* sp – Orquídea Dendrobium**

Origem: Austrália, China, Indonésia.

Luminosidade: semiluz.

Temperatura: 10 a 24°C.

Características: ao contrário de outras plantas, libera oxigênio à noite. Tem uma habilidade de 70% na remoção dos vapores químicos e um poder médio de umidificação de 50%.

8

ESPECIAL: FAZENDAS

Por minha origem, tenho um carinho todo especial pelas coisas do campo. Gostaria que a imagem de criança tivesse se mantido, porém, diferentemente daquele tempo, as coisas mudaram bastante no campo.

É claro que o ar ainda é mais puro e as redes de alta-tensão, em geral, passam distantes das moradias. Então, os cuidados especiais vão para o solo, tanto na superfície quanto no subterrâneo, bem como para as águas – fontes, rios, riachos, cachoeiras, lagos e lagoas.

A grande diferença do campo para a cidade é que a Natureza nos dá alguns sinais de fácil identificação. Conseguimos perceber árvores que são tortas ou retorcidas sem um motivo aparente; outras cheias de nódulos, que são verdadeiros tumores; algumas com dificuldade de sobrevivência, parece sempre que estão minguando e lutando para resistir; e encontramos áreas estéreis e até pequenos desertos.

Essas pistas da Natureza já são razão suficiente para não construirmos, em sua proximidade, sedes, dormitórios, currais, gali-

nheiros e cocheiras, pois, com certeza, em uma avaliação detalhada, encontraremos alguma patologia local.

Redução de peixes e de plantas aquáticas, rios que secam em um processo irreversível, lagoas que acabam com águas estagnadas e fontes que diminuem a capacidade produtiva em m^3 também são evidências importantes a serem levadas em conta.

A diminuição da fauna e da flora acompanha, igualmente, os processos de deterioração local. O ciclo de vida não se completa e, pior, nem se renova, pois a Natureza acaba não tendo chance de reciclar tudo o que o homem vem destruindo.

Podemos utilizar técnicas de harmonização no campo da mesma forma que na cidade. Como no campo temos mais espaço e mobilidade, a aplicação de menires é bem interessante, porque podemos abranger uma área imensa.

Os solenoides ou os circuitos oscilantes (em forma de braceletes abertos na extremidade, colocados 10 a 15 cm do solo), em geral feitos de cobre, se direcionados de forma correta, podem ajudar no desenvolvimento da vegetação.

Certa ocasião, o jardineiro que cuida da minha casa plantou "vinhas" nas paredes externas sem a minha orientação – normalmente faço radiestesia em cada muda; o resultado foi que algumas delas tinham dificuldade de crescimento. Preparei uns solenoides de cobre e, em pouco tempo, elas estavam com a mesma vitalidade que as demais.

Costumo testar tudo o que aprendo e somente ensino aquilo que realmente tem um resultado positivo. Por exemplo, um dado interessante é que as abelhas se aproveitam dos cruzamentos das linhas magnéticas da terra; contudo, esses mesmos cruzamentos são prejudiciais para gado e cavalos que ficam confinados em baias, e eles podem adoecer seriamente.

No interior, o uso de ervas e raízes para curar várias doenças ainda é empregado com certa frequência. Como estou afastada das fazendas há algum tempo, resolvi buscar um pouco mais de informação e, em um fim de tarde muito agradável, conversei bastante com um fazendeiro, que ganhou o meu respeito.

Nascido e criado em fazenda, e discreto na essência, esse homem do Pantanal não teve receio de me dizer as verdades sobre o que acontece no Brasil e que poucos de nós temos oportunidade de vivenciar. Confesso, entretanto, que fiquei muito triste com o que ouvi.

Por sua formação, pelo meio em que cresceu, pelas amizades e família, esse homem conhece cada canto de nosso país e me descreveu alguns, sem dó nem piedade. Uma pena saber o estado em que se encontram cidades como Porto Velho, por exemplo, que, nos dias de hoje, ainda mantém esgoto a céu aberto – o que parece inacreditável.

Esse é o nosso país, com belezas exóticas e raras, com terras férteis, um clima abençoado, mas sem nenhuma consciência ecológica e ambiental. A sombria realidade, usando as palavras desse senhor,

é que ainda estamos no quarto mundo e bem longe do terceiro – o que dirá do primeiro? É realmente uma situação vergonhosa.

As grandes plantações não têm o menor pudor sobre o uso de agrotóxicos, que, por sua vez, afetam diretamente o solo e as águas. Locais gigantescos são devastados, sem mata, sem corredores, porque a terra tem um custo caro e ela tem que produzir. Não sobra nada por perto: animais selvagens, pássaros (e ele se lembrou das arapongas), peixes – o meio ambiente é completamente destruído.

Esse fazendeiro até me questionou sobre a posição tão contrária dos ambientalistas em relação aos transgênicos. Qual seria nossa melhor opção: uma planta transgênica ou uma com agrotóxicos? O problema mais grave das plantas transgênicas, a meu ver, é o monopólio de uma grande empresa dominando a tecnologia. Mas e para as pessoas, em termos de saúde? Ainda não tenho informação suficiente a respeito. Já em relação aos agrotóxicos, sou radicalmente contra.

Continuando a conversa com o fazendeiro, ele concluiu que, nas áreas de criação de gado, a vida selvagem permanece; quem apara a grama em frente à casa dele, por exemplo, são as capivaras, então ele nem precisa de cortador.

Esse homem continua vendo bandos de araras de todas as cores, tucanos, onças-pintadas dando prejuízo para os fazendeiros (por atacar os bezerros, que são de fácil acesso), macacos, quatis, tuiuiús, cabeças-secas, colhereiros e, até mesmo, uma anta, o que é bem raro.

No entanto, ele me confessou não se preocupar com o lixo, mas prometeu pensar seriamente no assunto – e eu conto com isso. Ninguém, ou quase ninguém que ele conheça, reutiliza as águas, porque nunca precisaram, já que a água sempre foi tão abundante e simplesmente ninguém pensou na possibilidade de sua escassez.

Segundo este senhor, vê-se muita latinha de cerveja jogada nas margens dos rios e muito jacaré morto, com o rabo cortado. Em geral, não é o povo pantaneiro que faz isso; aliás, eles não matam jacarés para comer; tive muito contato e por bastante tempo com a gente de lá. Provavelmente são caçadores e pescadores de outras localidades.

Acho que a única boa notícia dessa nossa prosa foi sobre a proteção às fontes naturais, cercando-se a área da nascente ou olho e seguindo a cerca, por mais uns metros, acompanhando o caminho das águas. Ele me contou com entusiasmo o quanto é evidente que ela dobra de volume.

Já os ruralistas, para minha decepção, conseguiram aprovar uma lei para diminuir as áreas de mata nativa que circundam os rios, o que é um absurdo. Com a extensão de nosso território, será que precisavam ganhar esses metros a mais? Penso que é um gesto de muito egoísmo e ambição, e isso vai custar caro para todos nós.

Enfim, finalizando o bate-papo, o fazendeiro concluiu que a nossa geração ainda não verá as mudanças básicas na educação do povo, para evoluirmos como uma nação, mas ele espera que pelo menos os netos consigam reverter esse quadro. E, só assim, quem sabe, a Natureza possa continuar nos presenteando com as suas "bonitezas".

Penso que olhar para o futuro é preservar o que nós temos de bom hoje. Espero que essa ideia se propague e que a nossa conversa não tenha se resumido a apenas um fim de tarde delicioso e saudosista.

Anthurium andraeanum – Antúrio

Origem: Colômbia.

Luminosidade: semissol.

Temperatura: 10 a 24°C.

Características: existem aproximadamente trezentas variedades de antúrios, mas apenas três se dão bem nos espaços *indoor*. Como é uma planta originária dos trópicos, prefere locais com umidade e calor. Não tem uma boa capacidade no que se refere à eliminação de vapores químicos (30%); porém, sua taxa de transpiração é de 70%. Pela beleza de suas folhas e flores, tem sido muito usada em espaços internos.

9

RADIESTESIA

Durante todo o livro, tenho me referido à radiestesia com tamanha naturalidade, como se todos soubessem do que estou falando. Neste capítulo, portanto, será feita uma introdução ao tema.

O termo vem do latim *radius*, que significa radiações, e do grego *aesthesis*, que quer dizer sensibilidade. Portanto, a radiestesia ou método biofísico é a utilização de pêndulos ou varetas por meio da qual as pessoas desenvolvem sensibilidade para detectar determinadas irradiações, que podem provir das energias (ou seja, ondas ou frequências) emitidas por seres vivos ou elementos da natureza. Essa capacidade não é uma habilidade paranormal, e pode ser adquirida com muito treino e persistência.

O dispositivo radiestésico apenas amplifica as emissões de ondas externas captadas pelo cérebro, que, por sua vez, emite ondas internas através da sensibilidade neuromuscular, atuando diretamente nesses equipamentos em forma de movimento. Os movimentos podem ser espiralados, retos ou superiores e inferiores.

Existem grandes discussões a respeito da eficácia desta ciência, que, por estar associada a conceitos esotéricos e metafísicos, acaba gerando certo desconforto.

Particularmente, eu fico muito à vontade e segura usando essa técnica, e dou preferência ao pêndulo egípcio, que é a réplica em madeira do que foi encontrado na tumba de Tutankamon e também no Vale dos Reis – isso já nos dá uma pista de quão antigo é esse instrumento.

De verdade, é preciso ter muito treino e paciência, porque, mesmo que a pessoa consiga movimentar o pêndulo, a sensibilidade assertiva demora um tempo para ser conquistada; é necessário condicionar seu cérebro e seu corpo a essa nova arte, como qualquer trabalho ou esporte. No tênis, por exemplo, não conseguimos acertar um saque sem antes ter jogado muita bola na rede, até que finalmente ela passe – e, mesmo assim, quanta dupla falta ainda acontece.

Existem muitos cursos sobre essa ciência e acredito sinceramente que quanto mais nos prepararmos, mais aptos estaremos para desenvolver essa habilidade.

A técnica de radiestesia se baseia em perguntas com duas alternativas de resposta: sim ou não. Ficou convencionado que, se o pêndulo girar para a direita, a resposta é sim; se girar para a esquerda, a resposta é não. Fica fácil perceber o que está acontecendo, até para quem é um mero observador.

Nos estudos de Geobiologia, o conhecimento radiestésico é dispensável, uma vez que existem equipamentos eletroeletrônicos com essa finalidade. No entanto, visto que analisamos as energias, as frequências e as ondas que nos rodeiam, nada mais prático e rápido do que o uso desse recurso.

O físico francês Alfred Bovis criou uma tabela conhecida como biômetro, na qual criou uma relação entre a longitude da onda e o bem-estar ou mal-estar. Em outras palavras, ele estabeleceu parâmetros de vitalidade e saúde: positivos, se estiverem acima de

6.500 Ångströms; e negativos, se estiverem abaixo. Ela é usada em qualquer situação: ambientes, seres vivos, irradiações e objetos.

Existem outros tipos de tabelas na radiestesia – eu mesma criei algumas que me auxiliam bastante nas medições. Em geral, fazemos o desenho em forma de leque, pois além de fácil identificação, o pêndulo percorre o espaço tendo como base um ponto central; assim, ele pode encontrar, sem muito deslocamento, a resposta para o que estamos pesquisando.

Existe uma mesa de radiônica bastante usada por alguns radiestesistas experientes. Não consegui adotar esse sistema; fiz vários cursos, experimentei, mas não percebo resultado efetivo em meu trabalho e acabei deixando-o de lado. Algumas pessoas diriam que perdi horas e horas com isso, mas respondo que ganho horas ao estudar, fazer muitos cursos, questionar os mestres e praticar o que aprendi – meu pêndulo fica direto na bolsa.

Gerbera jamesonii – Gérbera

Origem: Sul da África.

Luminosidade: sol ou semissol.

Temperatura: 10 a 18°C.

Características: mantenha o solo sempre úmido e adube constantemente. Esta planta tem flores lindas e vibrantes, que variam do amarelo ao vermelho, e podem brotar durante todas as estações. Tem uma habilidade incrível (90%) em absorver vapores químicos tóxicos e uma taxa de transpiração de 80%, o que a torna uma plantinha muito especial.

10

MATERIAIS ECOLOGICAMENTE CORRETOS

Sustentabilidade é uma palavra tão difundida atualmente e aplicável em todos os segmentos, que o termo "sustentável" passou a ser usado indiscriminadamente na comercialização de qualquer produto, desde caixinha de gelatina até a construção de um edifício.

Algumas empresas estão tirando vantagem dessa palavra, colocando meias verdades na embalagem, como o uso dos rótulos verdes que nem sempre significam selo Verde na fabricação.

Existe um importante critério de avaliação para definir se um material de construção é ecológico: ACV (análise do ciclo de vida), que analisa o impacto ambiental ao longo da vida útil desse material, desde a sua origem, durante o ciclo de utilização, se gera resíduos ou subprodutos e, mesmo ao final, se tem a possibilidade de reciclagem.

Assim, tenho algumas reservas em relação aos produtos apenas sustentáveis; ainda prefiro os ecologicamente corretos, pois a preocupação das pessoas focadas em sustentabilidade é minimizar o impacto sobre o meio ambiente, reutilizando ou reciclando todo tipo de materiais. E minha preocupação é que alguns deles tenham em sua composição resíduos tóxicos ou poluentes, além de metais pesados. Isso é uma grande discussão entre ambientalistas, e minha escolha pessoal sempre será pelos produtos ecológicos.

Mesmo sabendo que o custo inicial de um produto ecológico é mais elevado, o retorno do investimento pode ser extremamente significativo ao final de uma obra, por exemplo, com a redução de consumo de energia e água.

Recorrer ao uso de materiais ecológicos garante uma durabilidade maior na construção, sem causar danos à saúde de quem irá trabalhar ou morar nesse ambiente.

As tecnologias chamadas *Eco-Smart Technologies* ou Tecnologias Ecointeligentes inovaram com pequenos dispositivos que criam, controlam e reduzem o consumo de energia e água, tornando-se componentes indispensáveis à obra.

Existe uma infinidade de ofertas de produtos ecológicos para construção e que podem ser encontrados facilmente na internet; basta verificar a veracidade da procedência dessas informações e não se deixar levar apenas pela propaganda.

TIJOLOS

Conhecido como tijolo de solo-cimento ou BTC (bloco de terra comprimida), são considerados ecológicos, pois a mistura da terra com cimento prensado não passa por um processo de queima, poupando milhares de árvores.

TELHADOS

Os telhados verdes ou jardins suspensos são uma excelente alternativa para os grandes centros urbanos e podem ser instalados nas lajes já existentes.

Além de melhorar a qualidade do ar, fazem a captação das águas pluviais e também funcionam como sistema termoacústico. Costumo chamá-los de "fênix ecológica", porque além de tantos benefícios, resgatam, no sentido de renascer, o *habitat* de pássaros, insetos e pequenos animais.

A ideia de utilizar essas coberturas verdes, com hortaliças, pode proporcionar uma área de lazer ou *hobby*.

Existem estudos sérios sobre o comportamento dos funcionários que passam a ter maior contato com espaços verdes; vários exemplos podem ser encontrados na revista americana *Living Architecture Monitor*, que também classifica as edificações com telhados verdes ou paredes verdes como as mais valorizadas e rentáveis.

Um dos maiores telhados verdes do mundo fica em Chicago, o Millennium Park, um teto de uma garagem com 20.000 m² transformado em um jardim fantástico, rico e exuberante em termos de paisagismo. Chicago é também a cidade que mais tem telhados verdes no mundo, cerca de 233.000 m², sendo o clima um grande desafiador, já que o inverno lá rigorosíssimo – só quem esteve lá nesse período entende exatamente a que me refiro.

Nós, brasileiros, no entanto, poderíamos estar utilizando esses recursos com mais naturalidade, pois temos um clima maravilhoso, sem grandes diferenças de temperatura na maior parte do país, o que nos garantiria baixo custo de manutenção – seria ou não perfeito?

SISTEMAS DE CAPTAÇÃO DE ÁGUAS PLUVIAIS

É uma tecnologia sustentável, instalada nos telhados das edificações, que tem a função de recolher, filtrar e armazenar as águas da chuva para a rega de jardins, lavagem de quintais, pisos e veículos, além do uso na descarga de vasos sanitários.

Nas indústrias, também servem para o resfriamento de caldeiras, lavagem de produtos ou peças, além das aplicações já citadas.

Nos grandes centros, não recomendo o consumo dessa água para beber ou para irrigar as hortaliças, por não ser considerada potável. No campo e nas fazendas, destinam-se à irrigação, à lavagem de currais, cocheiras ou criames e aos bebedouros de animais.

Além disso, com esses sistemas, é possível diminuir os riscos de enchentes na cidade, também são bons reservatórios nas secas, baixam drasticamente o consumo de água para fins não potáveis e ainda reduzem o valor da conta no final do mês.

CAIXA D'ÁGUA

Existe uma polêmica muito grande em relação às caixas d'água, pois muitas pessoas acham um custo desnecessário dentro de uma obra, uma vez que ela geralmente não fica em local visível. Se estiver bem fechada, para muitos, é o que basta.

Na verdade, não é bem assim. A água pode ser contaminada por substâncias químicas ou tóxicas, dependendo do material em

que ela for armazenada. O ideal seria uma caixa d'água de aço inox, pois esse material tem a propriedade de ser bactericida e eliminar odores. Apesar de cara, a escolha compensa.

A segunda opção seriam as caixas de prolipropileno (PPR) e a terceira hipótese seria construir a sua própria caixa de alvenaria e dar acabamento com algum material de impermeabilização. Neste caso, muito cuidado, porque, em geral, esses impermeabilizantes acabam contaminando a água com algum resíduo químico nos primeiros armazenamentos; portanto, se você puder esvaziar essa caixa por duas a três vezes antes de seu consumo, água já estará em condições de ser usada. Jamais se deve usar as caixas de amianto.

QUALIDADE DA ÁGUA

É importante ter no projeto de uma construção filtros que possam eliminar cloro, metais pesados, flúor e, ao mesmo tempo, mantenham a água com um pH básico, entre 7,1 e 7,3.

Os filtros de carvão ativado resolvem para segurar o flúor e o cloro, mas não os metais pesados. Os filtros de ozônio exigem um certo cuidado, porque, na composição química, ele é $O_2 + O+$, o que significa que rapidamente tende a retornar ao estado original de O_2, e a outra partícula de oxigênio tende a se ligar à primeira coisa que passa – no caso, o nosso corpo –, liberando os radicais livres. Por isso, devemos ficar longe do filtro, assim como de aparelhos de micro-ondas.

Recentemente, ouvi uma explicação inusitada sobre o radical livre: é como um adolescente doido, nunca se sabe o que ele vai fazer quando pega alguma coisa pela frente.

TUBULAÇÃO

As tubulações plásticas recomendadas são aquelas sem PVC (por exemplo, PPE, PEAD ou PEX), pois esse material, quando esquenta, pode liberar chumbo. Se por acaso a água fria tiver sua temperatura elevada a 60°C, o tubo deve se manter inerte, ou seja, não liberar chumbo, bisfenol, dioxina, etc.

O melhor é o PPE (polipropileno) – mesmo ao PEX temos algum receio, uma vez que, em sua composição, encontramos bisfenol A, que está presente na maioria dos plásticos. Por ser uma molécula instável, ela se desprende do plástico, contaminando o alimento e, consequentemente, quem o ingere. Sua presença está fortemente relacionada a câncer de mama, distúrbios cardíacos, alterações hormonais, obesidade e hiperatividade.

Depois que a tubulação está escondida na parede, ninguém mais se lembra dela, e é aí que está o perigo.

AQUECIMENTO SOLAR

Hoje, a um custo totalmente acessível, é possível encontrar diversas empresas e fabricantes desse produto. Em um país tropical como o nosso, onde a incidência de luz é alta, podemos usufruir dessa fonte de energia abundante e gratuita, que é obtida por meio do aquecimento solar.

AR-CONDICIONADO

É totalmente desnecessário. Infelizmente, existe uma falta de eficiência térmica nas construções. Bastaria a ventilação natural ou, no máximo, um ventilador de teto para os ambientes permanecerem agradáveis.

Além do estudo de aeração, é possível utilizar, ainda, pequenos detalhes, como paredes específicas com isolamento térmico, sombras em áreas transparentes, cores claras, etc., que contribuirão para o conforto térmico, o que, em outras palavras, deve ser obtido de forma natural.

Já o aumento das concentrações de CO em lugares fechados, originados pelos aparelhos de ar-condicionado, é o causador de algumas doenças respiratórias amplamente discutidas e comprovadas em Congressos Médicos.

Não posso compreender as pessoas que colocam o ar-condicionado tão frio, como se estivessem vivendo no Polo Norte, para então se cobrirem de cobertores e mais cobertores – o que não faz o menor sentido.

A arquitetura bioclimática pode ser mais explorada, garantindo conforto térmico lumínico, sem precisar de sistemas artificiais, pois, quando empregada, o projeto não deixa o edifício ganhar ou perder calor desnecessariamente. Esse planejamento precisa acontecer no momento da elaboração do projeto, mas pode ser adaptado para algumas construções já existentes. Estudar o caminho do sol durante o ano garante a implantação desse projeto.

REVESTIMENTOS

Pisos drenantes ou grama natural devem ser utilizados nas áreas externas, pois reduzem o impacto de enchentes na cidade, permitindo que a água penetre no solo.

São indicados cerâmicas, porcelanatos e pastilhas que tenham apelo sustentável, como as que são feitas de resíduos de telas de computadores, lâmpadas fluorescentes ou telas de TV, ou as fabricadas com um mix de cimento branco e mármore moído oriundo de reciclagem.

Recomenda-se o uso de resinas derivadas de milho, óleo de mamona e outros vegetais que são impermeabilizantes, 100% biodegradáveis e que não liberam nenhum gás tóxico durante ou depois da aplicação.

Madeiras

Há certos lugares da casa em que a madeira é praticamente indispensável. Temos muitas opções que não agridem o meio ambiente, primeiramente usando madeiras recicladas, depois as madeiras beneficiadas, provenientes de reflorestamento, e, por fim, os bambus, que têm suas fontes renováveis. Os certificados são imprescindíveis, e devemos que ter certeza sobre a veracidade desses selos verdes.

Revestimento de paredes

São indicadas placas de cortiça reciclada, que é um composto de 30% de cortiça extraída da casca do sobreiro e 70% de rolhas recicladas e que possui ainda um bom desempenho termoacústico. Outra opção são as pastilhas de fibra de coco ou mosaicos de fibras de coco.

Tintas

Existem três tipos de tintas ecológicas: as vegetais, as minerais e as produzidas por meio de insumos animais, como a caseína, que é extraída do leite da vaca. O solvente usado para essas tintas nada mais é do que a água

No entanto, nem todo produto à base de água é ecológico. Existem tintas sintéticas solúveis em água, o que não significa que elas não liberem hidrocarbonetos aromáticos, causadores de tantos malefícios à nossa saúde e também responsáveis pela destruição da camada de ozônio.

São conhecidos como VOC (*volatile organic compounds*) ou COV (compostos orgânicos voláteis).

As tintas antimofo ou antibactérias têm em sua composição antibióticos que são respirados e absorvidos – já mencionei anteriormente que é melhor lidarmos diretamente com a bactéria.

O cal, por sua vez, só sofre a ação do fogo (1.200°C), que transforma a rocha, conhecida como carbonato de cálcio, em óxido de cálcio e, ao longo do tempo, pela ação da água, tende a voltar ao estado original. Pigmentos de terra, como já citados, são perfeitos para serem misturados ao cal.

LÂMPADAS E ABAJURES

Sem dúvida, as lâmpadas de LED estão mais do que aprovadas. Inicialmente, podem apresentar um custo alto, mas, a longo prazo, garantem menor consumo de energia e maior durabilidade. As lâmpadas chamadas econômicas não são adequadas.

Observem sempre o IRC (índice de reprodução de cor), que deve ser maior que 90% – para entender o significado, o IRC do sol é 100%. A temperatura do bulbo da lâmpada dá a característica da coloração; por exemplo, próximo a 5.000 Kelvin, a coloração é azulada (fria) e, na faixa de 3.000 Kelvin, a coloração é amarelada (quente).

Abajures de fibras vegetais, como o bagaço da cana e as cascas de coco, fazem uma combinação charmosa com as lâmpadas de LED.

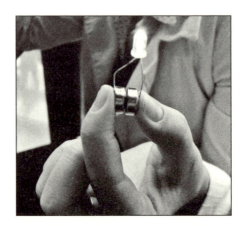

TECIDOS

Os tecidos a seguir são altamente indicados:

- Algodão orgânico (100%): hoje, é tendência na Europa, inclusive com preocupação em relação a pigmentos e tratamentos químicos biodegradáveis.
- Liocel: é extraído da polpa da madeira (celulose), mas diferentemente dos tecidos de bambu, que acabam não sendo ecológicos pela utilização de solventes tóxicos; o Liocel utiliza o N-metil-morfolina-N-óxido, que além de não ser tóxico é facilmente recuperável.
- Fibras de soja: também conhecidas como fibras da saúde ou fibras verdes, utilizam proteínas em sua fabricação.
- Tecido de juta: cuja composição é 60% de fibras de juta e 40% de algodão. O plantio da juta não exige agrotóxicos nem fertilizantes. Esse tecido se decompõe em 2 anos.

Comparando tecidos com fibras naturais e tecidos sintéticos, podemos concluir que os **tecidos naturais** não aquecem demais, seu material pode ser devolvido à terra, decompõe-se rapidamente e são incorporados ao solo com facilidade; além disso, permitem que a pele respire e absorvem a umidade do nosso corpo, mantendo-nos secos. Os **tecidos sintéticos**, por sua vez, não têm controle de temperatura equilibrado e podem oscilar muito; seu material não é incorporado ao solo ou demora anos para se decompor; alguns ainda não deixam a pele respirar ou atraem partículas de íons, aumentando a eletricidade estática, e podem até absorver a umidade do corpo, mas não o odor da transpiração, por exemplo.

CADEIRAS E POLTRONAS

Sei que aqui já estamos entrando em uma área mais de decoração do que de construção, mas estou avançando um pouquinho uma etapa para trazer um pouco mais de luz às nossas escolhas.

Madeiras, fibras naturais

Armações, cantoneiras de madeira ou fibras naturais, mais a utilização dos tecidos naturais, também podem ser absorvidas e incorporadas ao solo sem danos ao meio ambiente.

A água que molhou esses materiais não sofre nenhum tipo de contaminação; poltronas feitas desses materiais permitem que o corpo respire, mantendo uma temperatura agradável.

Plásticos

As fontes de origem dos plásticos não são naturais e não podem ser devolvidas à natureza sem causar impacto ao meio ambiente. São confeccionados em fábricas, que acabam poluindo a água durante o processo fabril.

Em geral, sua origem está nos derivados de petróleo; ademais, liberam gases tóxicos no ar que respiramos.

Uma casa é extremamente complexa e composta por inúmeros elementos e, por isso, devemos investigar o impacto que cada um deles pode causar ao meio ambiente. Para entender melhor esse impacto, a Tabela 1 lista alguns materiais e o tempo que levam para se decompor na Natureza.

Tabela 1   Principais materiais utilizados pelo homem e seu tempo de degradação

Material	Tempo de degradação
Aço	Mais de 100 anos
Alumínio	200 a 500 anos
Cerâmica	Indeterminado
Chicletes	5 anos
Cordas de *nylon*	30 anos
Embalagens longa-vida	Até 100 anos (alumínio)
Embalagens PET	Mais de 100 anos
Esponjas	Indeterminado
Filtros de cigarros	5 anos
Isopor	Indeterminado
Louça	Indeterminado
Luvas de borracha	Indeterminado
Metais (componentes de equipamentos)	Cerca de 450 anos
Papel e papelão	6 meses
Plásticos (embalagens, equipamento)	Até 450 anos
Pneus	Indeterminado
Sacos e sacolas plásticas	Mais de 100 anos
Vidros	Indeterminado

25 PRINCÍPIOS PARA CONSTRUIR, TRABALHAR OU HABITAR BEM

Os 25 princípios para construir, trabalhar ou habitar bem foram criados em um manifesto na Alemanha no final da década de 1960, início de 1970.

Ainda muito atuais, podemos basear neles todos os nossos conhecimentos para criar um espaço para trabalhar ou viver saudavelmente. Eu os conheci por meio de um dos meus orientadores, Allan Lopes, que compartilha comigo e com tantos outros amigos o desejo de melhorar a qualidade de vida das pessoas. Como conhecimento se transmite, compartilho também com vocês esses princípios.

A Biologia da Construção se alicerça sobre esses 25 princípios, que envolvem geobiologia (saúde do *habitat*), ecologia, sustentabilidade, arquitetura bioclimática e bioarquitetura. São eles:

1. A localização da construção deve ser livre de perturbações geobiológicas.
2. A melhor localização para edifícios residenciais é longe de centros industriais e de vias de tráfego intenso.
3. A habitação deve ser desenvolvida de uma maneira descentralizada e solta, entrelaçada com amplas áreas verdes.
4. Habitação e desenvolvimento da habitação devem ser personalizados, em harmonia com a natureza, adequados à habitação humana e orientados à família.
5. Devem ser utilizados materiais de construção naturais e não adulterados.
6. Paredes, pisos e tetos devem ser difusíveis e higroscópicos.
7. A umidade interna do ar deve ser regulada naturalmente.
8. Poluentes do ar devem ser filtrados e neutralizados.
9. É necessário um equilíbrio entre isolamento térmico e retenção de calor.
10. As temperaturas do ar e da superfície de um dado cômodo necessitam ser otimizadas.

11. Um sistema de aquecimento deve utilizar calor radiante, com o máximo possível de calor solar (passivo).
12. A umidade total contida em um novo edifício deve ser baixa e capaz de secar rapidamente.
13. Uma edificação deve ter odor agradável ou neutro. Nenhuma toxina deve estar presente.
14. Luz, iluminação e cores devem estar de acordo com as condições naturais.
15. As medidas de proteção contra poluição sonora, bem como vibrações infra e ultrassônicas, devem ser orientadas a padrões humanos.
16. Somente materiais de construção com pouco ou preferencialmente nenhuma radioatividade devem ser utilizados.
17. O equilíbrio natural entre a eletricidade atmosférica e a concentração iônica deve ser mantido.
18. O campo magnético natural da Terra não deve ser alterado ou distorcido.
19. A radiação eletromagnética produzida pelo homem deve ser eliminada ou reduzida o máximo possível.
20. A radiação cósmica e terrestre é essencial e deve sofrer o mínimo possível de alteração.
21. O *design* de interior e de mobílias deve ser construído de acordo com padrões fisiológicos.
22. Medidas, proporções e formas harmônicas devem ser consideradas.
23. A produção, a instalação e o descarte dos materiais de construção não devem contribuir com o aumento de poluição ambiental e os altos custos de energia.
24. As atividades de construção não devem contribuir para a exploração de recursos raros e não renováveis.
25. As atividades de construção não devem causar um aumento nos custos sociais e médicos.

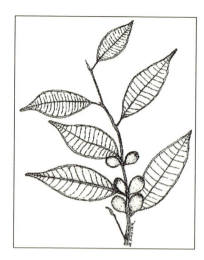

Ficus benjamina – **Figueira-benjamim**

Origem: Trópicos.

Luminosidade: sol ou semissol.

Temperatura: 16 a 24°C.

Características: é uma pequena árvore muito comum em *shoppings*, *lobbies* e átrios de edifícios. O maior problema é que ela é uma planta que não gosta de ser removida e replantada em um outro local, mas uma vez que está feliz e aclimatizada, cresce rapidamente. Tem um alta capacidade de remover toxinas do ar (80%) e uma taxa de transpiração de 60%.

11

A IMPORTÂNCIA DO SOL

Estrela de quinta grandeza na Galáxia e central do nosso sistema, o Sol é a fonte de vida do planeta Terra; sua atividade determina e rege a nossa existência.

A fotossíntese é a captação da luz pelas plantas convertida em um processo químico no qual é produzida a glicose – fonte de energia e alimento das plantas, assim como para outros seres vivos (e, nessa categoria, sempre estamos inclusos).

A absorção de vitamina D, a florescência das plantas, os ventos, as cores, a evaporação das águas e a precipitação, tudo está relacionado à luz solar. A energia, a radiação eletromagnética fornecida pelo Sol é filtrada pela atmosfera terrestre. Sem ele, nosso planeta seria escuro e frio e certamente estaria congelado, em uma temperatura inferior a -270°C.

Os raios de luz também estão ligados a processos de cura, são bactericidas, combatem microrganismos, fungos e ácaros; por isso, é imprescindível que os ambientes recebam o Sol.

A claridade dá a sensação de que o lugar é saudável; hoje, sabemos que há uma explicação científica para isso, não é apenas a sensação, mas, sim, um fato real. Casas ou escritórios que mantêm as cortinas fechadas, para proteger a mobília, estão completamente equivocados, pois é melhor deixar os sofás desbotarem do que a saúde, esta sim insubstituível e incomprável.

Estudos indicam que pessoas que não têm contato com o Sol durante o dia têm problemas de insônia à noite, pois não completam o ciclo circadiano, que também já foi mencionado anteriormente. Indivíduos que trabalham em *shopping centers*, por exemplo, poderiam tentar resolver o problema da falta de sono apenas saindo algumas vezes na rua, evitando o uso de medicamentos para dormir.

A luminosidade também está associada diretamente ao estado de espírito, ao bom humor e à felicidade. Os mais altos índice de depressão são notados nos países que passam longos períodos sem a luz solar.

Assim como atua na regulação dos hormônios seratonina e melatonina, a luz também afeta o fluxo de sangue no cérebro, que, por sua vez, está relacionado a funções cognitivas.

Existem estudos de cientistas norte-americanos, como o *"Natural light in the office boosts health"*, que afirmam que a produtividade é diretamente proporcional à luminosidade, e que o aumento dessa produtividade ligado à luz natural seria de 4 a 14%.

Esse fato é tão importante que, hoje, várias empresas estão desenvolvendo produtos que permitem a luz solar aonde ela não chega; alguns têm alcance de quatro andares abaixo, através de tubos com jogos de espelhos, chamados de *skytubes* ou *solar tubes*. São muito interessantes, trazem as vantagens anteriormente citadas, além de uma economia enorme no consumo elétrico.

A seguir, são apresentadas algumas características importantes desse estudo:

- aumento de *performance*;
- efeito de humor;

- controle do ciclo do sono;
- reações químicas no corpo;
- redução de depressão;
- diminuição de dor;
- vitamina D;
- serotonina;
- óxido nitroso.

Alguns florais são fabricados por um método extremamente simples, apenas com a exposição das flores em meio líquido ao sol. Podemos também fazer águas potencializadas com o espectro da cor desejada.

O método é basicamente o mesmo: apenas dispor essas águas em garrafas de vidro, no período mais intenso do sol, pelo menos por uma hora, com um objetivo determinado.

Os tumores de pele, a fotossensibilidade e a catarata estão relacionados à irradiação excessiva dos raios ultravioleta emitidos pela luz solar – por culpa do homem, que vem destruindo sistematicamente a camada de ozônio, que seria nosso escudo de proteção contra essas irradiações.

Os hindus acreditam que o Sol é muito mais que uma fonte de luz e calor. É o coração físico e mental da Terra, por onde emana saúde para o corpo, a cura para o espírito e a benção para a vida. Tenho o hábito de reverenciar ao Sol, mesmo quando ele não aparece, encoberto por uma barreira de nuvens.

É o meu momento sagrado. E quem quiser me achar de manhã bem cedinho, estou sempre no parque do Ibirapuera. Afasto-me da cidade por um momento e ali me refaço, reinvento-me, reorganizo-me. Respiro a sua força e absorvo todo o seu encantamento, abrindo os braços e saudando respeitosamente esse poderoso astro.

Até mesmo escrevi uma pequena oração para ele:

> Estrela maior, fonte de alimento e Luz, no esplendor da sua exuberância, traga-nos vitalidade, brilho e força para superar todas as adversidades, iluminar nosso caminho e engrandecer nossa alma. Amém, amém, amém.

Voltando à primeira frase do livro: "Tudo tem vida, e como todas as coisas que têm vida no Universo, o Sol tem a sua própria e é única".

Sansevieria trifasciata – Espada-de-são-jorge

Origem: Tropical do Oeste da África e Índia.
Luminosidade: semissol, semissombra.
Temperatura: 10 a 27°C.
Características: raramente é atacada por pragas. Faz um contraste interessante quando colocada ao lado de outras plantas. Não exige muitos cuidados e cresce com facilidade. Existem mais de 70 espécies de espadas-de-são-jorge, e elas atingem de 0,60 a 1,20 m de altura. Ocasionalmente, floresce. Diferentemente da maioria das plantas, libera oxigênio à noite e dióxido de carbono durante o dia. Não tem um grande poder de absorção de vapores químicos (30%) nem de transpiração (20%).

ANEXO

RECEITAS PRÁTICAS, USÁVEIS E TESTADAS

As receitas, a seguir, foram mais do que testadas e obtiveram ótimos resultados. Vão desde produtos de limpeza naturais até o uso de pedras para harmonizar o ambiente. Espero que aproveitem!

REPELENTE NATURAL PARA A CASA

Protege não só as pessoas, mas principalmente os bebês e animais de estimação, que, por ficarem mais próximos do chão, acabam lambendo ou tendo contato de pele com o veneno dos repelentes químicos.

Ingredientes

Laranjas ou limões

Cravos-da-índia

Modo de preparo e utilização

Abrir a laranja ou o limão ao meio e espetar várias flores de cravo. Montar vários pratinhos com pelo menos três metades e espalhar pela casa ou próximo de onde você estiver sentado. Com certeza irá afastar os mosquitos.

REPELENTE NATURAL PARA O CORPO

É conhecido como repelente dos pescadores, por razões óbvias.

Ingredientes

1/2 litro de álcool
1 pacote de cravos-da-índia (10 g)
1 vidro de óleo de bebê

Modo de preparo e utilização

Deixe o cravo curtindo no álcool por 4 dias, agitando o frasco duas vezes ao dia; depois, adicione o óleo corporal e passe no corpo sempre que necessário, sem exageros.

ÓLEO DE AMENDOIM PARA ALIVIAR A DOR NAS JUNTAS

Fabricado no processo de pressão a frio (única maneira que preserva as propriedades do amendoim), é fonte de ômega 6 e 9. Considerado um dos alimentos mais completos em nutrientes, o óleo de amendoim é rico em proteínas, vitaminas, lipídios, carboidratos e sais minerais, que regulam as funções sanguíneas e hepáticas. Rico em vitaminas do complexo B (B1 – tiamina, B3 – niacina, B5 – ácido pantotênico), possui funções regularizadoras dos sistemas do organismo, com destaque para o sistema neuromuscular. Possui valor considerável de vitamina E, que atua na produção de hormônios sexuais, e também melhora as condições das juntas do corpo, atuando diretamente na cartilagem e aliviando a dor. O resultado é fantástico, por experiência própria.

Ingrediente
Óleo de amendoim extraído a frio

Modo de preparo e utilização
Massagear a área afetada, no mínimo três vezes por dia; se tiver tempo, faça cinco ou seis vezes.

CLARA DE OVO PARA CURAR QUEIMADURAS

Essa solução para **queimaduras comuns** é fantástica. No dia seguinte, você estará nova(o), a ferida terá diminuído sensivelmente e, em 10 dias, você mal se lembrará do que aconteceu.

A albumina é um colágeno natural e recupera rapidamente as condições da pele. Também é ótima para fazer os poros voltarem ao tamanho normal. Pode ser usado até no rosto. Além disso, ela contém lisozima, uma enzima que destrói as paredes das células das bactérias.

Ingrediente
Clara de ovo

Modo de preparo e utilização
Após a queimadura, colocar a área machucada em água corrente fria e, logo em seguida, aplicar a clara de ovo.

ÓLEOS ESSENCIAIS NATURAIS PARA COMBATER O ESTRESSE

A aromaterapia diária pode ser de grande ajuda no combate ao estresse. O importante é ter certeza de que os óleos essenciais são naturais. Sua utilização pode ser realmente benéfica; já tive várias oportunidades de testá-los e os resultados foram fantásticos. Aliás, o uso de incensos e óleos essenciais faz parte do meu dia a dia. Respire fundo... E deixe-se levar pelas delícias e sensações desses aromas!

Ingredientes

Óleo essenciais naturais, como de menta, *grapefruit*, cedro, sálvia, lavanda, entre outros

Modo de preparo e utilização

Existem várias maneiras de utilizá-los: em uma banheira com água morna e algumas gotas diluídas na água; antes de dormir, aromatizar o ambiente com o óleo ou fazer uma massagem suave. Algumas sugestões interessantes:

- pela manhã, um banho quente de imersão com algumas gotas de óleo de melaleuca ou menta ajuda a trazer mais energia e clareza de pensamentos;
- enquanto dirige, o óleo de *grapefruit*, usado como aromatizador, ajuda na concentração;
- ao voltar para casa, um banho morno com óleo de gerânio pode equilibrar os níveis físicos e mentais;
- para aliviar o estresse no escritório, experimente o óleo de cedro.
- para uma sensação de relaxamento total, experimente o óleo de sálvia;
- o aroma do óleo de lavanda permite um sono repousante e você acordará se sentindo pronto(a) para um dia agradável.

GIZ PARA PREVENIR O MOFO

Em alguns períodos do ano, o mofo aparece de forma descontrolada, principalmente nas roupas dentro dos armários. Existem mil maneiras de combatê-lo e, como sempre, prefiro as mais naturais.

A utilização de giz é uma solução prática, fácil e barata para combater o mofo tão indesejado. O giz, que é utilizado desde a era pré-histórica, continua em circulação até hoje, por ser um produto atóxico. Desde o século XIX, quando foi introduzido como material didático, não foi registrado nenhum caso de toxidade por exposição ou penetração cutânea do carbonato de cálcio.

Deve-se considerar também que o giz é um produto poroso, absorve água e, quando encontrado em solução aquosa, sofre hidrólise salina. Para nós, o que importa mesmo é que ele absorve um pouco da umidade dos armários.

Ingrediente
Giz

Modo de preparo e utilização
Colocar o giz dentro das gavetas e armários. Ele absorverá a umidade do local e, dessa forma, prevenirá o desenvolvimento de mofo.

MELALEUCA PARA ELIMINAR MOFO E BOLOR DAS PLANTAS
Quando as condições de umidade não são boas, podem formar camadas de bolor nas plantas; é um excelente fungicida.

Ingredientes
1/2 colher (chá) de melaleuca
1/2 colher (chá) de detergente neutro (biodegradável)
2 litros de água

Modo de preparo e utilização
Misture bem e aplique na planta.

LIMPADOR DE PISOS DE MADEIRA
Ingredientes
1/8 de xícara (chá) de detergente neutro (biodegradável)
1/4 de xícara (chá) de vinagre ou suco de limão
1/2 xícara (chá) de uma erva bem perfumada
8 litros de água

Modo de preparo e utilização

Coloque todos os ingredientes em um balde, misture bem e aplique no piso depois de varrido, com um pano mais encharcado. Depois, passe apenas água com um pano úmido mais torcido e, por fim, um pano seco.

LIMPADOR DE MÓVEIS DE MADEIRA
Ingredientes

10 gotas de óleo essencial de limão
2 colheres (sopa) de suco de limão
Algumas gotas de azeite de oliva ou óleo de jojoba

Modo de preparo e utilização

Mergulhe um pano de limpeza nessa mistura e passe nos móveis de madeira.

NEUTRALIZADOR DE ODOR DE ANIMAIS
Ingredientes

Bicarbonato de sódio
2 xícaras (chá) de vinagre branco
4 litros de água
Óleo essencial de eucalipto ou hortelã (opcional)

Modo de preparo e utilização

Depois de lavar a área, polvilhe bicarbonato de sódio e deixe por uma noite. No dia seguinte, use duas xícaras de vinagre branco em 4 litros de água e esfregue novamente o local; por último, lave com água morna. O cheiro do vinagre irá desaparecer em algumas horas. Se preferir um aroma fresco, passe um pano com óleo essencial de eucalipto ou hortelã. Outra opção é acender incensos; tenho o costume de acender mais de um, todos os dias; a minha casa fica sempre cheirosa e ninguém percebe a presença de um animal ao entrar.

COMBINAÇÕES PARA ACABAR COM AS TRAÇAS

Escolha a receita que considerar mais fácil e agradável; lembre-se de renovar a combinação quando o aroma desaparecer, e fique livre dessas famintas traças.

Ingredientes

Opção 1: álcool + terebentina + pimenta em grão
Opção 2: raminhos de lavanda
Opção 3: óleo essencial de cedro
Opção 4: cascas de laranja ou limão
Opção 5: folhas de louro

Modo de preparo e utilização

- Opção 1: misturar os ingredientes e borrifar dentro dos armários e gavetas.
- Opção 2: colocar os raminhos dentro de sacos de algodão e colocá-los nos armários e gavetas.
- Opção 3: impregnar bolas de algodão com o óleo e colocá-las dentro de armários e gavetas.
- Opção 4: Secar as cascas de laranja ou limão, colocá-las dentro de saquinhos de algodão e guardá-los em armários e gavetas.
- Opção 5: Esparramar as folhas de louro dentro do armário.

BACTERICIDA DE LAVANDA

Este bactericida é ótimo para torneiras, maçanetas, tábuas de cortar ou qualquer outra pequena superfície que precise ser desinfetada.

Ingredientes

1 xícara (chá) de água
20 gotas de óleo essencial de lavanda

Modo de preparo e utilização

Misturar bem os ingredientes, borrifar a superfície e deixar por 15 minutos; se possível, nem precisa lavar com água pura, basta secar.

LIMPADOR DE VIDROS E JANELAS
Ingredientes

1/4 de xícara (chá) de vinagre destilado
1/2 colher (chá) de detergente neutro (biodegradável)
2 xícaras (chá) de água

Modo de preparo e utilização

Misture todos os ingredientes e borrife em vidros e janelas; em seguida, enxugue-os com um pano ou papel-toalha.

POLIDOR DE MÓVEIS
Ingredientes

120 mL de azeite de oliva
45 mL de óleo de coco ou gordura de coco
15 mL de cera de abelha
120 mL de água filtrada

Modo de preparo e utilização

Derreta lentamente a cera de abelha com a gordura de coco e o azeite. Coloque essa mistura em uma tigela e acrescente a água. Bata tudo até que forme um creme e aplique-o sobre os móveis.

LAVA-LOUÇA NATURAL
Ingredientes

Sabão de coco ralado ou cortado em pedaços
Água
Gotas de óleo essencial natural (limão, lavanda, etc.)

Modo de preparo e utilização

Misturar o sabão com a água, deixar desmanchar até ficar bem molinho e acrescentar de 2 a 3 gotas de óleo essencial.

LAVA-LOUÇA NATURAL PARA LIMPEZA PESADA
Ingrediente

Bicarbonato de sódio

Modo de preparo e utilização

Deixar a louça de molho por uns 15 minutos com bicarbonato e depois utilizar o lava-louça natural anteriormente citado.

LAVA-ROUPA

Sempre acrescentar gotinhas de óleos essenciais ao seu lava-roupa. Eu, particularmente, prefiro o de lavanda, porque ele é bactericida e tem um aroma delicioso; o de limão tem a mesma função. Contudo, você pode usar qualquer um de sua preferência, desde que tenha certeza de que é um óleo essencial natural.

Ingredientes

Sabão de coco ralado ou em pó
Bicarbonato de sódio ou sal de Epson
Gotinhas de óleo essencial

Modo de preparo e utilização

Adicionar um pouco de bicarbonato ao sabão de coco ralado ou em pó (encontrado em supermercados) ou sal de Epson (encontrado em farmácias), que ajuda a manter o colorido da roupa. No final, acrescente algumas gotas do óleo essencial de sua escolha.

AMACIANTE DE ROUPA
Ingredientes

1 a 2 copos de vinagre
Algumas gotinhas de óleo essencial

Modo de preparo e utilização

Em um balde, coloque o vinagre com algumas gotinhas do óleo essencial de sua preferência. O cheiro forte do vinagre desaparece e, se ainda desejar uma roupa bem branquinha, nada melhor do que deixar no sol.

BENÇÃO DA COZINHA PARA UMA CASA FELIZ
Ingredientes

1/2 colher (café) de canela em pó
7 flores de cravo
1 maçã com casca

Modo de preparo e utilização

Em uma caneca com água, ferva a canela, o cravo e a maçã. Deixe esfriar e coloque a mistura em um aromatizador no centro da casa, principalmente no período de Natal. O aroma é bem característico e muito agradável.

POTE DA PROSPERIDADE

Todos nós podemos fazê-lo e ter mais um aliado dentro de casa ou do escritório. Escolher as pedras é muito fácil – e dizem que elas literalmente olham para nós.

Ingredientes

1 pirita
7 citrinos
1 ponta de cristal de rocha
1 ametista
1 ônix
1 quartzo-rosa
1 quartzo-azul
1 quartzo-verde
1 cornalina

9 ágatas-de-fogo
1 turquesa
1 sodalita
1 granada

Modo de preparo e utilização

Lave as pedras escolhidas em água corrente – nunca se deve colocar de molho em sal grosso, pois ele é abrasivo e acaba tirando a beleza dos cristais. Em seguida, deixe-as expostas ao tempo, principalmente sol, chuva, lua e vento, por 7 dias. Escolha um pote transparente e coloque cada cristal ou pedra entre as mãos na direção do terceiro olho e programe-as com as palavras desejadas: amor, saúde, prosperidade, bênçãos, harmonia, alegria, etc. Escolha um lugar, o mais central possível, que chamamos de o coração da casa ou da empresa.

TALISMÃ DE MUDANÇA (PARA ESCRITÓRIO OU RESIDÊNCIA)

Existe uma série de tradições e de objetos que devem ser colocados na casa nova, antes de você se mudar para ela. Pela simbologia, esta é uma das mais graciosas – e que sempre faço.

Ingredientes

Um sachê de sal
Um sachê de açúcar
Uma caixa de fósforo
Uma vassoura nova

Modo de preparo e utilização

Levar os ingredientes para o local, antes da mudança. Simbolicamente, a vassoura leva toda a sujeira para fora, incluindo as coisas densas, que não devem permanecer ali. O sal é para ter fartura, abundância e prosperidade (antigamente, o sal era a forma de pagamento – por isso, **sal**ário). O açúcar é para a vida ser sempre doce e deliciosa. O fósforo é para a casa ou empresa ser iluminada e abençoada.

Musa cavendishii – Bananeira-de-vaso

Origem: Ásia tropical.

Luminosidade: sol ou semissol.

Temperatura: 18 a 24°C.

Características: este tipo de bananeira atinge a altura máxima de 1,50 m. Ela precisa de lugares com muito sol e calor para ficar exuberante. É muito raro produzir o fruto *indoor* e as folhas podem se dividir com facilidade. Ela tem um alto poder de transpiração (80%) em lugares secos e um poder de remover vapores químicos de 50%. Exige muita atenção e é considerada uma planta exótica, criando uma atmosfera tropical.

BIBLIOGRAFIA

1. Bond, A. B. *Home enlightenment*: create a nurturing, healthy, and toxin-free home. New York: Rodale, 2008.
2. Braungart, M.; McDonough, W. *Cradle to cradle*. New York: North Point, 2002.
3. Bueno, M. *O grande livro da casa saudável*. São Paulo: Roca, 1996.
4. Craze, R. *Feng shui*: a arte milenar chinesa da organização de espaços. Rio de Janeiro: Campus, 1998.
5. Hartman, A. E. *Radiônica & radiestesia*. São Paulo: Pensamento, 2006.
6. Johansson, O. Karolinsk Institute. Disturbance of immune system by electro magnetic fields. Disponível em: <www.campos eletromagnéticos.wordpress.com>.
7. La Foye, J. *Ondas de vida e ondas de morte*. São Paulo: Siciliano, 1991.
8. La Maya, J. *Medicina da habitação*. São Paulo: Roca, 1994.

9. Linn, D. *Espaço sagrado*. Rio de Janeiro: Bertrand Brasil, 1998.
10. Lopes, A. P.; Saez, J. *Geobiologia*: a arte do bem sentir. São Paulo: Triom, 2006.
11. Nozedar, A. *The element encyclopedia of secret sign and symbols*: the ultimate A-Z guide from alchemy to the zodiac. New York: Harper, 2008.
12. Parlamento Europeu aprova a lei em 23 de abril de 2009, primeira entidade Internacional a reconhecer a ES ou EHS. Disponível em: <www.eumonitor.nl>.
13. Paul, M. "Natural light in the office boosts health". In: *Journal of Clinical Sleep Medicine*; Jun 2014.
14. Pennick, N. *Geometria sagrada*. São Paulo: Pensamento, 1980.
15. Rodrigues, A. *Radiestesia clássica e cabalística*. São Paulo: Fábrica das Letras, 2000.
16. Saevarius, E. *Manual teórico e prático de radiestesia*. 9.ed. São Paulo: Pensamento, 2003.
17. Schimmel, H. W. Functional Medicine. Disponível em: <www.wholisticresearch.com>.
18. Schimmel, H. W. Vega Test – Complementary Terapy. Disponível em: <www.selfgrowth.com>.
19. Solano, C. *Feng shui*: Kan Yu, arquitetura ambiental chinesa. São Paulo: Pensamento, 2000.
20. Tansley, D. V. *Dimensões da radiônica*. São Paulo: Pensamento, 1986.
21. Tompkins, P; Bird, C. *The secret life of plants*: a fascinating account of the physical, emotional, and spiritual relations between plantas and man. New York: Harper & Row, 1989.
22. Wolverton, B. C. *How to grow fresh air*: 50 houseplants that purify your home or office. New York: Penguin, 1997.
23. Wolverton, B. C.; Takenaka, K. *Plants*: why you can't live without them. New Delhi: Roli Books, 2010.